中環一筆
叢書

第 **1** 輯

港人的家國觀
和世界觀

陳文鴻 著

太平書局

「中環一筆」叢書第 1 輯

港人的家國觀和世界觀

作　　者： 陳文鴻

責任編輯： Amy Ho

封面設計： Cathy Chiu

出　　版： 太平書局

香港筲箕灣耀興道3號東匯廣場8樓

發　　行： 香港聯合書刊物流有限公司

香港新界荃灣德士古道220-248號荃灣工業中心16樓

印　　刷： 盈豐國際印刷有限公司

香港柴灣康民街2號康民工業中心14樓

版　　次： 2021年 7 月第 1 版第 1 次印刷

© 2021太平書局

ISBN 978 962 32 9358 7

Printed in Hong Kong

「中環一筆」叢書總序

都說歲月有痕。香港正處於百年未有之大變局。順應歷史潮流的變革是一種必然。

世上很多變革往往是被迫發生的，包括觀念的變革。任何一個事物的變革，巨大的動力在於迫切需要變革的人。香港走到變革的今天不容易。這種艱難度，香港人最清楚。

變革，就是不同於昨天，不重複今天。變革中的問題，只能透過繼續變革來解決。不斷的變革，才有不盡的活力。變革的時代，提供了發揮能力的機會，也提供了對能力的挑戰。

立足大視角，變革新香港。跳出香港看香港，跳出當前看長遠。這是本叢書第一輯、第二輯共 10 位作者的共識。

自 2014 年 7 月，零傳媒國際有限公司牽頭成立「中環一筆」評論小組，邀請香港媒體界、教育界、司法界、財經界等專家，每週撰寫關於香港時政的評論文章。他們扎根在各自的專業領域數十年，建樹良多。7 年來香港經歷了一系列的動盪，從非法佔中、雨傘運動再到 2019 年的反修例風波，他們一直堅守前線，筆耕不輟。

2015 年以來，零傳媒已先後出版了《香港傘裏傘外博弈》、《血色旺角前世今生》、《回歸 20 年 —— 香港浴火重生》、《香港超越內耗》、《香港拒絕傲慢與偏見》、《香港顏色密碼》、《衝破香港黑夜的曙光》等 7 本相關評論文集，在海內外傳遞出強有力的聲音。當時間走到 2021 年，《香港國安法》已經實施，完善選舉制度條例刊憲，香港迎來一個新的變革契機，我們覺得需要為每一位作者的思考，專門結集出版。

這 10 位作者及其作品，分別是雷鼎鳴《龍鷹相搏 —— 香港看到的中美政經關係》、楊志剛《花開瘟疫蔓延時》、陳莊勤《沉默不螺旋》、屈穎妍《支離破碎的世界》、陳文鴻《港人的家國觀和世界觀》、阮紀宏《來生再寫中間派評論》、劉瀾昌《港人為何未能治港》、何漢權《教育，過眼不雲煙》、潘麗瓊《黑暴未了，真兇是誰？》、江迅《嬗變香港》。

感謝太平書局為此套叢書精心設計，如您將整套書擺放在一起，在書脊處會見到香港地標中環的完整海岸線，我們謹以此向各位作者致謝。

我們共同期待大變革下，香港會越來越好。

序言

　　生於斯，長於斯，老於斯，作為港人，即使經歷殖民地時代，亦不減作為中國人的情懷、心態。筆下自然是表現出家國情、家國觀。但香港有別於內地，位處東西，我們便多了世界的視野。但世界觀並不與家國觀有衝突。我們是中國的香港人，也同時是世界的中國人。歷史上中國從來與世界連接，中國人的概念中便已包含千百年來的中外交流融合。在香港不可能忘家國，也不可不顧世界，有機會寫下，便都是港人的家國觀、世界觀。

　　感謝李美霞多年來一貫的支持，我的文章都有她汗水的一份功勞。

　　也感謝陳于斯的編輯和編後感。

陳文鴻

4 月 23 日在大疫之下的香港

代序一
惜迺強

「今古北邙山下路，黃塵老盡英雄」。噩耗傳來，迺強兄因病逝世。

自大學始，相識 48 載。同出學苑一脈。80 年代聚於「匯點」，30 多年來，堅持的不過二三子。曾基已逝，今迺強又去。坐而論道、指點江山，還有幾人？

我們的本心都是為中國而立。民主回歸，只是特殊地方特殊時間的體現。苟沒有中英談判，還是要走回歸之路，只是路途遙遠艱巨。香港從來是中國的，沒有國，那有港，又何來家？

老一輩的離鄉別井，因苦難中國。在他們身上，依然可感受到濃濃家鄉、家國情。我們經歷了香港的發展，憑苦學攀上了青雲路。卻忘不了、捨不掉成長的種種經歷，並不因富貴而忘其所以。

80 年代的回歸談判，成立「匯點」是迎着偉大的歷史契機，也順應初心。那時風虎雲龍，差不多網羅了年青一輩的有心人。只是歷史從來不依熱情與理想。回歸底定，過渡開始，各種利益爭奪便湧現。「匯點」上京遞《基本法》建議書，企圖推動民主民族民生的新香港。可惜抵不上政治計算和大資本的遊說，無功而退，由此最終分裂。

迺強要另闢戰場，卻時不我與。在內地過去 20 年的貪腐大潮中，「江頭未是風波惡，別有人間行路難」。我們都過知命年，「鍾鼎山林都是夢，人間寵辱休驚」。只是老兄執着。「我最憐君

中宵舞，道男兒到死心如鐵，看試手，補天裂」。

　　到如今，文文山（文天祥號）還可說：「故人應念，杜鵑枝上殘月」。我只能「對一窗涼月，燈光青螢」。

　　　　　（寫於劉迺強去世後一天小雪，2018 年 11 月 23 日）

代序二
保釣五十年

今年是「保衛釣魚台運動」的 50 週年，有媒體訪問我，問我參加時的初心如何。我說沒有甚麼參加的企圖心，保釣運動是美國的港台留學生發起的，香港的學生是聞訊而反應。通過留美同學的通知，我們在香港才可突破殖民地媒體的封鎖，引發保衛國土的行動。當時沒有人懷疑自己是不是中國人，這從來不是甚麼西方學者宣揚旳身份認同的問題。沒有懷疑、便沒有身份認同或懷疑。當時有猶豫的，只是殖民地法律的制裁。因香港示威遊行被殖民地政府禁制，此所以在當時香港大學學生會評議會會議中，法學院的代表反對學生會參與示威，但被其餘的學生代表否決。

保釣示威是表達香港人保衛國土的感情與意願，沒有政治企圖或左右派之分。結果是北京與台北都作出反應。北京堅持和捍衛國土的表現和決心尤為強烈，這是我們意料不到的好發展。

示威和參與運動的目的只是表達，不是為個人爭取政治本錢，也不因此而從政。當時港大、中大積極參與的同學，在示威遊行表達之後，各自回歸本身的專業，不少都進入海內外大學任教。這種心態反映出當時我們並不強求，也認識到保釣只能由政府執行。我們只是搖旗吶喊，支持和督促政府。國家不即時採取行動，香港示威同學被殖民地警察打傷、拘捕，我們都不會因此而要打砸發洩，破壞一切，玉石俱焚。而是靜默地示威和等待，更在教育及其他行業領域各自努力。

保釣運動不可能促使國家動武，收回釣魚台領土，參與示威運動者從來不會視之為革命、號召戰爭，而是堅持主張，讓政府與人民不會忘記。

或許，發動者都是大學生和文人為主。當時的大學生是天之驕子，參加運動讓殖民地政府政治部列入黑名單，放棄做官，但不是放棄事業、專業，不像香港這幾年的「攬炒」大學生。我們還珍惜香港，珍惜國運，也不會用暴力把主張強加於人或犧牲別人和社會來幫助個人從政獲利。

我們那一代的大學生，有家國觀念，還保留着中國幾千年的文人傳統。孔子曾對學生顏淵說：「用之則行、舍之則藏，並不強求。」一是自己的才能主張並不絕對正確。二是用捨之間包含許多複雜因素。但不打砸破壞，錯了還可更正，積累的資源還可發揮作用。或許我們的教育使我們不願革命，只願改革，中國當年也不是非革命不可。改革可休養生息，逐步改善。保釣便不是可被人利用的革命。

（原刊於 2021 年 4 月 7 日）

目　錄

二、家國觀

三、世界觀

四、雜談

一、香港情

李波事件

李波事件炒作至今天，大家都應清楚了。

「一國兩制」保證了香港之政治法制不同於內地，因此言論與政治自由的尺度與內地也不同，根源在於香港本身的法制法治，並不是表面上看的政治文化、意識形態的異別。若法制的尺度改變，言論與政治自由的尺度也會跟着改。同樣的情況亦存在於內地。

內地《環球時報》解釋得很清楚，李波自行返內地並不涉及內地強力部門在港執法，他是否正途出境或非法偷渡便與內地執法沒有關係。內地政府緊守的一條是尊重憲法賦予香港的本地自治權，不越境執法。而李波或他書店的合夥人在內地則必然要接受內地法制的程序和執行。在「一國兩制」底下，香港是不能也不應干預或反對。

這樣的法治原則也存在於外國。香港公民在別國觸犯當地法律，無論是泰國的不尊重泰皇或在其他宗教國家違反當地法律規定的習俗，香港公民只能接受當地法律判決，香港政府是不可能干預，也不應該批評。

於是，坊間對李波事件的炒作除了表明他們反中外，便是錯誤的憂慮。要不受當地政府的法律制裁，一是不作與當地法律抵觸的行為言論。二是不到當地。或許我們不喜歡內地的法律與政治文化，可循不同的途徑推動變化。但卻不能即時將內地法律、政治簡單否定。「你不喜歡便不接受吧」。但卻無權利去將之顛覆，否則這便是革命，便有代價。至於李波原來是英國公民，這便涉及外交因素，香港更毋庸插手。特區政府也不用照顧非香港公民。

（原刊於 2016 年 1 月 7 日）

初一暴亂

大年初一晚旺角的騷亂已瀕臨暴動的邊緣。無論怎樣說，參與騷亂的人擾亂治安，動用暴力，是法不可饒。

激進不能使用暴力。勇武在中國傳統來說，沒有武德，只有盲目和不知何來的仇恨，既不是武，也不是勇，不過是無賴的惡行。即使他們公開說甚麼本地化、甚麼民主公義，都是假的，不過是無賴行為的藉口，底子下只為無端的發洩和破壞，沒有長大的壞孩子在任性妄為，諉過別人。

正因如此，我們對待這樣的羣體，便不能看作是政治團體或政治異見者。他們的政治不是政治，也絕不是民主政制所能容納的行為、主張。

今天擲磚頭傷警、燒垃圾。若社會縱容，下一步會怎樣呢？從前年佔中開始，在政治團體與少數大學生推動下，勇武為尚。沒有理想，不懂政治的勇武與青年一輩中的「爛仔」文化結合起來，互為因果，我們只見到與黑社會分子衝擊社會行為同一性質的發展。

社會要鼓勵容許多元化，但底線是非暴力、沒有仇恨因素。對這些假政治團體、青年羣組的暴力化傾向，社會只能鎮壓，只能取締。

犯罪者應公平治罪，不能縱容姑息，其中如有議會議員、政黨成員參與，除繩之以法外，社會還要對所屬政黨公開譴責，容不下詭辯。

在騷動中起鼓動作用的羣組、網站，政府要嚴究。若大學生中有犯暴力罪，而非過往一般的政治集會罪，法庭治罪外，大學

還需逐出校門，以儆效尤。

社會要治病救人，首先要到位的重藥，其後才能救人。

（原刊於 2016 年 2 月 11 日）

獨立與民主

香港政界與社會有一種誤解,以為政治問題解決了,所有的問題都解決。近來尤為極端的邏輯變成是,香港民主便要獨立自決,獨立自治可完成民主,連普選也變成次要。有了獨立,便有民主,有民主便有普選,有普選便萬事大吉。

但是,證諸海內外歷史,獨立並不等於民主。

美國脫離英國獨立,還是建立在奴隸制之上。要通過內戰才可廢除奴隸制。但黑人與婦女的政治平等要到 20 世紀中期才實現,而形式上的平等並不等於實質的平等。中國革封建皇朝的命,結果是袁世凱當總統,尋且恢復帝制,袁死後,北洋軍閥的形式民主也只是在上層小範圍內走過場。需要二次革命(1927 年)打敗軍閥,卻又是蔣介石獨裁式的統治。至 1949 年再來共產黨革命。

緬甸先後反日本與英國殖民,獨立後也沒有解決民主問題和民族問題。其後便是軍人政變,軍人專政,這幾年才開始推行政治改革和民主化,但憲法規定軍人掌控國家部分大權。而在中國,汪精衛在抗日期間鬧獨立,不過是日本的傀儡政權,性質與日本扶助末代皇帝溥儀的滿州國差別不大。

香港怎樣獨立呢?獨立後有民主嗎?誰的民主?當權者背後恐怕不是美國或英國的操控。這與滿州國、汪精衛政府沒有本質差別,只是大小不同,也可能從開始便沒法脫離中國內地而獨立。

民主的基石不是普選與議會民主,而是經濟民主與民主文化。經濟民主反金權政治,防利益操縱選舉,是保障社會多元化的民眾利益。民主文化便是身體力行,不是借民主之名來向國內外利益乞討恩惠。

(原刊於 2016 年 4 月 30 日)

香港與深圳之比

深圳近年發展迅速，國民生產總值應已超過香港，政府每年的財政收入也超過香港。在國內外已被認為是全球製造業的創新中心。中央政府亦全力推動，例如由中央調派部長級中央委員出任市委書記，超越深圳副部長級的行政規格。深圳在科研投資亦大大超越香港，科研支出佔國民生產總值4%。2015年的支出便是700億元人民幣，相對於香港不足1%，差別巨大。深圳成為中國最有競爭力城市，超越香港，這應是一個重要因素，且深圳正進一步提升科研支出，香港若不改變，差距更大。

在貨櫃碼頭的運輸量，深圳也超越香港，2013年首次替代香港的世界第三位的位置。2015年香港降至第五位，深圳仍是全球第三位。香港的運輸量只及深圳的八成，且還不停地大幅下減。科研、生產與物流，香港都大大落後於深圳，2015年深圳零售達5 000億元人民幣，香港大約3 000億元。即使過夜的旅客，深圳也有5 000多萬人，迫近香港。

在全國來看，深圳已有替代廣州，與北京、上海鼎足三立之勢。而深圳公開說人口1 200萬，實際可達2 000萬人。經濟規模已相當於一個國家，且還在急速增長，去年增長率便超過8%。

香港與深圳一河之隔，現在的形勢似乎是深圳急步追趕，企圖替代香港。香港還可倚靠體制和自由化的優勢，卻在經濟表現步步落後，傳統優勢保不住經濟發展、社會民生改善。就連樓價，今年深圳升了近1倍，首善地區已達每呎1萬元，香港則正在瀕臨大跌。此消彼長底下，深圳或可替代香港了。

(原刊於 2016 年 7 月 1 日)

國家安全

「一國兩制」在中英談判與及制定《基本法》時期都忽略了國家安全的問題。

那個時候中國政府上下均以為像鄧小平所說那樣簡單，換了國旗便算，只要駐有軍隊，香港的主權便可得到保證。至於治權，似乎是掉以輕心，也或許有些官員與從英國陣營回歸的香港精英均相信，用治權換主權。

《基本法》規定國防外交屬中央政府權責，香港也本應為 23 條立法。可惜回歸 19 年，單從短期政治方面考慮而不顧憲法原則，香港一直沒有國家安全法。本來，英國殖民地時期亦沒有明文的國家安全法，卻有眾多法例、案例可應用於保障國家安全。港英政府也對英國的國家安全從不畏首畏尾。回歸之後的問題，不是有否明文的國家安全法，而是從中央政府到特區政府，都沒有在香港的中國國家安全的概念與認識。當佔中的顏色革命開始，到旺角暴動和近月的港獨活動。中央與特區政府官員才如夢初覺，且有不少的官員，不知是認識能力有限，抑或是另有企圖，還是不以為然。國家安全並不局限於國防外交，這屬 19 世紀的舊思維。如果熟悉 18、19 世紀英俄大國博奕，當知道英國是以特務情報先行。近一二十年，美國軍方提倡「混合戰爭」(Hybrid War)，戰爭已經變成無處不在，金融、貿易是一方面，恐怖主義、顏色革命，以及媒體的操作又是另一面。國家安全的問題不能屏於國境之外，而是滲透社會經濟政治的各個方面。歐美國家趁「九一一」事件在法制政策作了許多改動，香港與內地似乎是思想認識大大落後。今後好應補課了

（原刊於 2016 年 8 月 21 日）

橫州公屋問題

　　近日橫州公屋的問題又變成政治爭執的重心，可是雙方越扯越政治化、甚至又變成攻擊梁振英連任的工具。對新界土地的問題，乃至背後更為重要的香港空間規劃和發展的大課題，卻忽視不提。

　　這樣的政治化之爭，為的是另外與橫州公屋建屋計劃無關的政治目的。而且，這些目的不是正常民主政治裏代表不同利益羣體的政治要求，而是抽離了社會的具體利益羣體，變成粗暴簡單的反梁振英、反特區政府施政的口號。不求妥協找出方法來解決問題，只是起哄、喧鬧、破壞，表面上像未入幼稚園的小孩那樣撒賴，實質上為了破壞而破壞，另有政治計算。

　　橫州公屋的關鍵是盡快恢復 17 000 單位的建屋計劃，解決阻礙的交通設施配套問題。在這以外可追究政府有否決策施政的問題，依法處理。而新界原居民的丁屋政策，以至新界土地發展與原居民土地業權的衝突，不是一朝一夕可解決，可借此機會來檢討，推動改革。但不能無證據地把一切打成官商鄉黑勾結，以這樣的說法把一切都打倒，是否只剩下反對政府的個別議員和那些既無代表也無問責的關注組等？後者只懂喧嘩，不願、不懂建設。橫州公屋建屋計劃，連已準備動工的 4 000 單位，也一併要打倒？

　　這就要看政府的取捨，是借此次機會重提 17 000 公屋單位的計劃，並規劃交通設施建設來解決地方質疑問題；也借民意來逼使佔據棕地的鄉紳地主以新界發展大局為念，與政府談判遷拆？抑或是躺着不動，且為了明年的特首選舉，左照顧右照顧，也變成左閃避右閃避，置香港發展、全民利益不顧？

（原刊於 2016 年 9 月 20 日）

選怎樣的人做特首

　　特首選舉正密鑼緊鼓地逐步展開。香港選特首應與選立法會議員一樣，要選推動香港發展，益及絕大多數人，顧及未來的人物，不是巧言令色，奢談民主，實質背後是大財團和外國勢力。

　　坊間由傳媒及所謂學者營造的思想，以為單談民主，等待香港全面普選，便可解決所有問題，經濟民生都可改善。這只是有企圖的人來欺騙無知的人的手法。不望着自己肚臍生活，不放棄思想而全無主見或不用陰謀詭計來謀取個人私利的人，都不可能相信這樣低劣的主張。只要看看歷史，看看世界，那有搞民主政制便可使經濟民生改善呢？菲律賓在 50 年代是亞洲富裕國家、美式民主的結果是獨裁和長年的紛亂。90 年代以來眾多顏色革命國家，有哪一個的發展是比革命之前更佳的呢？

　　在香港不按社會條件、大眾的即時和中長期利益，努力建設，努力投資、經濟怎可發展、社會民生怎可改善？沒有寬鬆的生活條件，哪來幸福？

　　香港一不能讓百分之一的人攫奪百分之九十九人的利益，因此不能讓壟斷的大財團在明在暗地把持特首、把持政府。二不能讓一些不學無術的政治投機分子，以破壞香港來謀取個人的私利、出賣社會、出賣國家，也不能讓直接或間接鼓吹與縱容港獨，投靠美國的人當選。

　　香港是我們大多數人的香港，特別是過去幾十年克勤克儉地建設香港的我們老成一輩，不是拋棄香港，拿取外國護照的人的香港，也不是全無貢獻，只要享受不要貢獻的年青人的香港。我們決定選誰為特首！

（原刊於 2016 年 10 月 7 日）

媒體問題

　　香港媒體翻來覆去都是在說特首選舉，似乎除特首選舉以外便別無重要之事。背後的潛台詞也似乎是香港的問題關鍵在於人治：誰當特首便可起死回生或把香港顛覆破壞掉。

　　這樣的輿論焦點基本上代表了媒體人本身的偏見。以目前傳統媒體日益沒落來看，這種政治新聞八卦化主要是反映着媒體人的心理傾向、主觀偏好，而不是社會大眾的取向。事實上，這樣翻炒又翻炒，卻無任何新聞內容和價值的誰會出來選特首的報導、評論與分析，既空洞無內容，也無任何現實政治或花邊新聞的興趣，早已把讀者悶得慌、悶得不去看報章或電視廣播新聞了。這種單一題目翻炒，顯示出媒體人的無知無能，也是傳統媒體自掘墳墓的選擇。

　　香港、內地，乃至世界不是沒甚麼有價值的議題和新聞，而是多得數不盡，只是香港傳媒人懶惰和無知，也妄信讀者也是同樣無知和懶惰。

　　以香港為例，最近公佈的 2030 年遠景＋便包含眾多重要的政府政策與發展議題，與香港 700 多萬人的福祉乃至生活條件與方式緊密相連。可是我們的媒體只依政府新聞稿炒寫照登便了事，不作分析評論，也不進一步追尋新聞，將之看作連花邊新聞也沾不上的小新聞。

　　即使娛樂新聞，香港電影公司及影星到內地拍戲，給他們找出一個大市場的發展，轉變思維與市場取向，也更改了香港電影業的方向，卻亦同時騰出了和製造新的空間，與微電影等一起，改變了生態。

香港媒體卻觸手所及的都是八卦化、低 B 化，這是媒體人問題抑或社會問題？

（原刊於 2016 年 12 月 1 日）

香港再工業化

　　《施政報告》說要推動「再工業化」，但沒有就此發揮或提出再工業化的全盤考慮與安排，只說：「香港再工業化的優勢產業包括生物科技、大數據、物聯網、智慧城市等」。不過，為甚麼這些屬香港的優勢產業呢？香港目前在這些產業方面有甚麼發展，算不算是優勢呢？事實上，這些所謂優勢產業在內地甚至一些中小城市亦將之列為發展重心。一個理由是這些產業都是媒體討論一般列為先進產業。另一是中央政府的《中國製造 2025》規劃也把這些產業羅列為發展方向的一部分。香港與內地一些中小城市將之列出只不過抄襲而來，沒有認真考慮到本地條件和可以怎樣在本地發展。

　　施政報告說由創科局、投資推廣署及各地經貿辦主動爭取相關企業來港。顯然香港還沒有，僅正在爭取，這又怎樣算是優勢產業呢？這樣的政策實質相類於內地的招商引資、除非可以找到特大的跨國企業在香港全力投資，否則的話，即使招了如麻省理工、瑞典卡羅琳醫學院，中科院的廣州生物醫藥與健康研究院來港設科研中心，若它們的規模有限，當然作用不大，且單打獨鬥，不形成集聚，更難說有進一步的發展餘地。

　　依國際科技創新的再工業化經驗，不可能靠招商引資的方法，而是應建立起本地地區創新體系，並且有跨地域的價值鏈戰略。

　　真的要在香港推動再工業化，一是要與內地，特別是珠三角合作。香港由殖民地轉來的官員似乎並不喜歡。二是建立起港產學研的創新體系。大學體系要改革、公營科研機構需建立，更重要的是要有一套有根有據的戰略與政策。

（原刊於 2017 年 1 月 29 日）

殖民地政策原則要改

香港自英國殖民地時代開始便不停地宣揚保守的財政與經濟政策，表面上看是符合英美自 80 年代以後經濟政策轉向右派的趨勢，實際上還有更關鍵的因素是英國對殖民地是只取不予。一方面是英國政府不會支付香港殖民地任何虧損，香港的財政便只能盈餘不能有赤字。另方面，早年英國外匯儲備包括香港存放在英國的財政盈餘，香港亦長期支付退休返英公務員的豐厚長俸。英國政府當然要求香港的財政保持越來越龐大的盈餘儲備。

香港《基本法》把殖民地的財政和經濟政策收納，反映當時中國談判人員不理解英國在香港殖民地政策的實況和本質，也可能是英國殖民地宣傳的工作成功，使香港工商界和政府官僚都篤信這樣的財政與經濟保守主義。在英商撤退後，香港的地產商接替，卻承襲了英商與英國治理香港的意識形態。在回歸談判時，他們便替英國遊說中國把殖民地的政策原則與體制保留在《基本法》之內。回歸後曾蔭權與曾俊華便是具體執行落實者。

這樣的殖民地財政原則不是市場經濟，市場經濟講究資金循環再生。社會大眾是生產者亦是消費者，中下階級的消費比少數富豪的消費更大，留在香港經濟內循環再生的更多。老闆經濟學、老闆財政是抑制本地經濟的資金循環再生，把資金變成利潤或財政儲備抽走。回歸後香港為甚麼要遵守殖民地思維的老闆經濟學與老闆財政。

全民退保、政府投入增加建設、儲備穩定不增，都是促使經濟增長、就業增加，為甚麼反對呢？

（原刊於 2017 年 2 月 1 日）

香港的教育

香港現時的體制有不少問題。

在教育方面，學科的教學內容不斷提升、教時與功課頻增，也用不同的方法把考試、測試壓在年少學生身上。教育變成考核、變成拔尖。結果可能極少數的學生可以熬過各種壓力，但大多數的學生卻成為失敗者，無心向學，甚或抵受不住壓力而自殺。政府主導的中小學教育變成對大多數學生健康成長的障礙。經濟有能力的家庭便逃離這個官僚控制的體系，此所以香港近年國際學校激增，也愈來愈多的家庭把子女在中學時期送往海外留學。香港社會的教育形成了二元化，在官僚控制，以拔苗助長、過度講究監督與測試的一般學校以外，便是更符全人發展的國際學校、海外學校。

面對這樣愈來愈二元化的教育體系，或許從殖民地轉來的特區官員慶幸不需增加教育經費。本地體系的失敗助長了教育的私有化，讓沒有經濟能力的家庭飽受官僚教育管理之苦。而在教育的私有化、國際化的過程，本地的學生教得不好，國際化的學生亦失去對香港、中國社會文化的知識、認同與歸屬感，形成一代一代年青人的轉變。中小學競爭劇烈，除了教育當局推動的攀比之風外，本來是因大學學位不足，職業教育落後，拔苗助長是製造尖子入大學，當然副作用往往是尖子早已被嚇怕逃走。

大學以往是嚴入嚴出，近年卻是嚴入寬出，甚至是難得有學生因學業成績不能畢業。在大學學位增加、適齡學生卻減少和多出外留學，便更變成寬入寬出。這為甚麼要中小學嚴厲考核呢？

（原刊於 2017 年 3 月 9 日）

技術官僚治港

林鄭月娥獲中央政府委任，顯示新一屆政府開始正式籌備組成。我們的期望是以林鄭月娥的「好打得」來改變特區政府 20 年來消極怠慢、拖延苟且的施政作風，比梁振英政府更佳抑或是我們的期望會變成擔憂。林鄭月娥與曾蔭權同類，政務官治港的結果是「打工心態」，得過且過，解決重大問題的方法還虛張聲勢，一如曾蔭權的六大優勢產業、十大工程。香港回歸後蹉跎了 20 年後，會再失去另一個五年嗎？

香港特區政府的問題是簡單過渡。公務員是政治中立，但政務官未必中立，他們是英國殖民地時代治理香港的政治支柱。此所以英國殖民地政府挑選政務官十分嚴格，其中帶有頗濃厚的政治標準，而政務官也不是技術官僚，政治傾向極強。不明白政務官體制的性質，我們便很難明白回歸 20 年香港治理困難的根源。董建華當年便深受其苦，而在推行問責官員制之時卻也不得不多用政務官充任，甚至董建華中途辭職，由政務官的曾蔭權接替，變成了政務官治港的格局。而梁振英還未全面開展工作便又由政務官的林鄭月娥所接替，特區政府還離不開政務官治港的模式。

林鄭月娥之前，一是曾蔭權、許仕仁的貪腐；二是曾俊華的尸位素餐；二者同時阻撓特區政府發展香港的施政。林鄭月娥若組成的問責官員班子還是以政務官為主，包括委任現任由政務官轉問責官員的，怎保證不會犯上她的前輩的失誤呢？

政治任命也不能只靠建制政黨推薦，可能次佳的方法是選用社會與政府內部的技術官僚人才。

（原刊於 2017 年 4 月 19 日）

沒歷史、沒文化、沒知識

香港妄稱世界都會、國際城市，可是對近在咫尺的珠江三角洲的發展不知道，中國推動全球大格局轉變的「一帶一路」倡議與戰略不聞不問，大不了是舉辦一些公關性質的會議，聊備一格。

香港沒有歷史，不知道香港在 19 世紀絲綢瓷器茶葉之路的角色與作用。香港沒有知識，不會進一步去了解影響中西文明二三千年絲綢之路無遠弗屆的影響，也不願去明白自 19 世紀俄英大國博弈以來整個歐亞的變化，怎樣延續至今天的阿富汗、伊朗、伊拉克、敍利亞。香港沒有文化，就算香港本有多元文化，而這個多元文化源自歷史，卻忽視、漠視，以為越來越懶音化的廣府話便是唯一文化，實際上可能這樣的廣府話也不能以文字表達。香港的一些次文化正逐步從文明倒退，從歷史倒退至文字、從文字倒退至口語，就連口語，也變成社交媒體上的不成句、不成文、胡亂簡化的符號。次文化甚且侵蝕主流文化。

於是，我們見到立法會議員乃至教授學者說話的水平不比「小學雞」優勝、思想混亂、邏輯不通，背後還缺乏道德、社教、家教；老少一起，加上媒體的宣傳、操縱，香港的政治、社會、教育、文化正在走上低 B 化的方向。連以外國進口的環保保育也同樣地越來越缺乏思想、道理、感情，只是為了爭奪媒體注意力好上位獲利，他們有多少的心是真的為了香港生態的維持、傳承與發展呢？

中流砥柱來扭轉劣化趨勢的只有政府，特區政府不做，便只能倚靠習近平領導的中央政府。

（原刊於 2017 年 5 月 23 日）

真正的法治與民主

香港是特殊的地方，百多年的殖民，也是百多年中國的衰落，在這個借來的地方、借來的時間，孕育出不少憂懷國家民族的賢人志士，也同樣造就了不少漢奸買辦，認賊作父，甚或學了胡人語，卻上城頭罵漢人。

當然，按美國式的民主，每個人都可以選擇其國家歸屬。中國積弱，勢利者移民他去，也無可厚非。但變更國籍後，有一個效忠的政治責任，所屬國家與原來家鄉便成分割。心懷故鄉是值得欣賞，但不能背叛新國家，也不能以家鄉名義搞亂顛覆家鄉來遂所屬新國家的利益，移民者還要尊重不移民者。故國是不移民者的，不是移民者的，後者回到故國不過是借居的客人，要守故國的秩序價值，不能喧賓奪主，反客為主。這不單缺乏禮貌道德，且是帶有侵略的性質了。

中國不容雙重國籍，在相當地維護殖民地體制的《基本法》底下，並沒有嚴格執行。香港需要包容，百川匯海，卻應有標準、有底線，擁有外國國籍者，不應參與香港政治權力的選擇。因此，不單公職人士不能有外國國籍、外國居留權，立法會、行政長官等國家機關的選舉也不能讓有外國國籍、外國居留權的人參加，以防範外國干預，保障本地公民的政治權益。

移民者已選擇放棄中國、放棄香港，回流工作我們可歡迎，並且比對外國人多一點樂意。但以此來干預香港的政治權力的選擇與行使，我們便應反對。

這樣的標準，才是真正的法治，真正的民主。

（原刊於 2017 年 6 月 8 日）

公營醫療

香港公營醫療體系本是在國際上表現最為突出，相對地耗費少而效率效益高。但是回歸以來，特別是在曾蔭權的管治下，卻出現越來越多的問題。

問題的根源不是如英國、美國或其他發達和發展中社會的財政資源不足，政府沒錢，甚或財政虧損嚴重，公營醫療便難為無米之炊。香港政府財政健全、儲備龐大，公營醫療經費利用效率極高，本不應出現公營醫療體制資源缺乏問題，但曾蔭權自以為是英國保守黨的傳人，全心削減政府的公共開支，讓私人企業賺錢。不管社會效果如何，只憑意識形態行事，其背後也當然有相關私人企業的利益在左右。於是，開始時是抑壓公營醫療的發展，要騰出市場空間讓私營醫療賺錢，減經費和把公帑撥給私營部門；且把企業化的管理原則搬入公營體制、肆意地增加管理成本、減少前線的投入。甚至一度如對付房屋市場那樣以減供應（醫學生的培養）來推高市場價格，也讓私營部門在失衡的市場供應底下以高薪挖公營醫療的醫護人員。而在管理體制劣化之後，即使增添經費，卻也落不在前線醫護的投入中。本來世界稱最的公營醫療系統，便在曾蔭權等人的手裏變成千瘡百孔、問題叢生。受害者當然不是曾等高官，而是廣大的香港市民，尤其是年老多病又陷入貧窮困境之中的基層市民。

公營醫療涉及廣大基層居民的生老病死，不可能用經濟學或工商管理邏輯來決定基層沒錢要受苦受死，有錢的還可享公帑津貼。

特區政府是社會大眾的，抑或是有錢人的？

（原刊於 2017 年 6 月 18 日）

香港既得利益必要變

中國變、世界變、香港怎可不變？

不變的是既得利益的心願。但它們可以抗拒大局的變化來維護它們的既得利益嗎？既得利益不是甚麼英明智慧，而是時勢製造出來，這個時勢形成了制度，包括政治、經濟和司法等。

以香港為例，在中英談判之前，既得利益是依附在殖民地制度之下，以洋人和買辦為主，主要是英商。中英談判回歸便是英商撤退之時，但部分殖民地體制轉變，扶植華商（主要是房地產的四大家族等）來替補英商撤走的空缺。在回歸過渡期裏，中國也樂於見華商的冒起，也同時扶植在內地投資的港商。回歸的二十年，應該是華商與港商發展的黃金時期，但也由此而暴露這種殖民地過渡期的不足——不停過渡卻沒有實質的轉變，且過渡被引導至港獨的方向。因此，習近平在內地的大更變，由反貪腐救黨救國開展的變革，也必然伸延至香港，怎可容許華商港商用金融房地產來把積累下來的資源和廣大人民的利益搾乾，最後掉下一個政治大危機來給中央政府面對？

現時挑戰的不僅只是去殖民地化的補課，更重要的是怎樣建立與內地有差別，可互相合作、競爭，但主要是為香港大多數人民安居樂業，並可繼續進步發展的體制。

香港不能成為大商家（華商、港商或內地紅色資本家）的封邑或殖民地。香港更不能成為在中國復興過程中，衰落的帝國主義列強攻擊中國的基地。

「一國兩制」首先是一國，兩制是為人民的兩制，不是奴役人民的新瓶舊酒。香港的既得利益必要變！

（原刊於 2017 年 7 月 25 日）

公務員培訓

　　林鄭月娥往新加坡考察，看到當地的培訓機構，便說要提升香港的公務員培訓體制。這是好事，也落後了幾十年，但是怎樣抄呢？

　　公務員培訓不再是基本技能的培訓。現在的公務員差不多都是大學畢業，甚至有研究生學歷。就算現時大學教育質素下降，大學的學術訓練也不需要在政府的培訓機構來補課。職業訓練局應有足夠廣泛的課程可作此用，且可包括一些管理類別的課程。

　　新加坡擺脫英國的公務員體制，在於執政的主要官員來自執政黨，屬真正的政治任命，有黨內挑選體制，也向黨負責，不像香港的政治問責制，任命程序與機制都缺制度安排，變成關起門來由特首個人決定，有點像美國總統的酬庸政治任命的性質。此所以新加坡技術官僚與政黨問責的結合，使政府政策的能力高於香港。

　　其次，新加坡有很強的政策研究能力。在新加坡大學內的東南亞研究所與東亞研究所均是政策研究機構，且直接協助有關政府領導決策，包括起草文件、演詞等。

　　新加坡政府在 1988 年成立政策研究所，有類於香港的中央政策組，但研究能力強大，也公開透明，有眾多的出版物。2004 新加坡政府在新大成立李光耀公共政策學院，2008 年將之收編，反映出新加坡政府對政策研究的制度化改革。

　　香港要提升公務員的能力，應走新加坡的政策研究與培訓之道，而不是人事管理方法。可惜，林鄭改組中央政策組恰正背道而馳，香港的大專院校已缺政策研究的能力和人才，學新加坡怎可學到呢？

（原刊於 2017 年 8 月 8 日）

高鐵效益

香港社會精英討論一地兩檢和高鐵的效益集中於經濟，且是片面、與現實經濟脫節。這個現狀反映香港社會精英，包括所謂學者專家們，均是知識淺薄、思想狹窄。可能禮失求諸野，在現實生活裏的現實人，從生活經驗所懂得的遠比這些精英學者為多，也更為有用。

一地兩檢是實現高鐵效益的一個重要制度，由此而實現的效益有多個層次。

一是乘客的直接效益。省了時間，省了交通成本，二者都可用金錢衡量，但也不絕對。例如由便捷交通帶來的經濟活動和項目的成功完成，達到時效要求，效益便可以十分巨大。經濟效益同時會伴生心理情緒影響，也通過乘客個人的效益影響到更大範圍直接來往、互相依賴的人羣效益。這屬網絡概念，多元化效益概念，未必可以簡單地數量化計算。

二是交通網絡的間接效益。香港高鐵把香港的交通網與內地高鐵、城鐵、地鐵乃至多式運輸系統連上，規模、協同、網絡效益以乘數擴大，外溢利益特別是對香港小型網絡系統更大。這些或可計算、或難計算，不是簡單計算幾個錢，用粗糙的方程式便可完成。

三是社會效益。最重要的是天涯若比鄰，香港絕大多數的華人與家鄉的根更形密切，更多互動，其中有家人、親友、朋輩、同鄉的關係。交通便捷也帶來衍生交通需求，且因高鐵價格合理，更勝航空，作用更大，也減少空航帶來的階級差別。

四是政治效益。連接性是互信和合作的基礎，更難計算效益數值。

（原刊於 2017 年 8 月 14 日）

不忘初心

在內地開會，我問的問題是「一國兩制」是甚麼？

這等於問中國的國家政策是甚麼？甚麼目的？為誰而定？也即是問：政權的性質如何？1949年中國革命成功是千萬中國人的努力與犧牲，才把瀕臨崩潰的國家統一起來，穩定起來。在這個基礎上才可以有建設發展，由政治統一來達致政治穩定、經濟穩定和社會穩定。即使一窮二白，政策有所折騰失誤，總的來說，發展帶來最大多數人民的安居樂業，重建社會基礎，其後改革開放的成就，莫不以此為條件。

而改革開放，用鄧小平的說法是讓少數人先富起來，幫助大多數人共同富裕。後者為目的，前者是手段。但當少數人先富起來失去控制，也妨礙大多數人的共同富裕，改革開放便失去初心，也使1949年的革命失去初心。習近平的力挽狂瀾於既倒，便是革命與改革開放的必需和必然的反應。

1997年香港回歸是以「一國兩制」來推動香港的政治轉變。目的是既回歸祖國，也同時在一國之內有所發展，而發展不是少數人富起來或更富，而是大多數香港人的共同富裕。只有這樣，香港在回歸之後才不會仍然是資本和外國勢力的殖民地，才可以使在回歸後，在一國之內有所貢獻、有所發展，不重複歐美殖民地在殖民主子走了之後陷於政治、經濟與社會困境。

因此，評論回歸20年成功與否，關鍵是香港大多數人得益多少，不是樓價、股價和GDP。

（原刊於 2017 年 8 月 21 日）

近親繁衍

在一個研討會上，老朋友陳萬雄分析台灣出版界過度本土化的問題。他說，全球化必然帶來本土化的身份認同追尋。但只有本土化，卻會把社會封閉，自絕於市場，自絕於世界。

這是精闢的現實世界觀察。台灣 2 300 萬人，文化視野閉關自守，或許開始時可發掘出本土許多被各種因素掩埋的現實與特性，對既有的現實世界可增添新的因素。可是，本土化走過頭，便只看到眼前土地上的東西，看不到世界，看不到眼前土地與世界的關連，更惡劣的是視野縮至肚臍，肚臍以外視而不見，或把一切的現實重新用政治化的偏執來完全扭曲。極端的本土化主義實際上與種族主義等右翼極端思想沒有多大分別──唯我獨尊，排斥一切外來，用政治（乃至暴力）衝擊一切與我不符的人與物、思想與現實。

這樣的發展，在生物演化歷史中便屬於近親繁衍，差別只是生物界的近親繁衍帶來種種遺傳病害，最終是物種滅絕。極端右翼的本土化或種族主義，則是造成大腦思維能力的退化、僵化，帶來社區羣體與社會文明的自我毀滅。但在毀滅之前，卻因其極端排他性、有着嚴重的攻擊和暴力傾向，對人類社會與文明的傷害更大。納粹主義是一例子，美國 3K 黨是另一例子，宗教的極端主義（如今天的伊斯蘭國，歷史上的十字軍東征等）等，歷史的例子不少。正因如此，我們不能掉以輕心，不能讓這樣的思想與組織蔓延擴大。香港要重視本土化，但本土化裏便包含、包容非本土化因素。

（原刊於 2017 年 9 月 4 日）

中美衝突，殃及香港？

香港過往在中美關係良好之時，得益於中國內地對美的加工貿易。可惜得益多用於炒股炒樓，香港內部基建與制度建設都停滯不前，經濟與社會的競爭力缺乏改善。民間投機建立的財富與政府愈來愈多的儲備主要是賬面財富，對香港現時與今後的發展作用不大，也不易轉化為積極的推動力量。

近年，由於中國的壯大和美國的衰弱，此消彼長便把中美關係弄翻。除非中國由強轉弱，在危機中崩潰，否則的話，中美關係不可能改善。香港一直依靠英美，在中美關係轉壞底下，肯定會殃及池魚。

而中美關係惡化，亦反映在東北亞中美的對抗，東北亞不和不戰的對峙，或美朝擦槍走火的衝突爆發，以至北京武力統一，香港都不能獨善其身，不受影響。

一是中美衝突必然蔓延至香港。佔中、旺角動亂、港獨已是先兆。中央政府不強力鎮壓，便有後顧之憂。香港與美國、日本、乃至美國西歐的盟國的關係也必然受挫。美國會怎樣對付香港呢？中央政府在香港怎樣設防應對美國的干擾？

二是，香港是國際都會、金融中心，首先會是美國干預香港的金融運作，事實上這樣的干預早已開始。其次是對股市的衝擊與限制，以至針對香港的企業與個人。美國對北韓、伊朗的制裁已開始針對中國，由內地也會很容易蔓延至香港。現時香港企業與個人與伊朗有商貿關係的，已開始受到美國及其盟國的抵制，今後香港參與「一帶一路」建設在中美關係、美俄關係惡化底下，相信會更受牽連。香港怎辦？

（原刊於 2017 年 10 月 7 日）

房屋問題

解決香港房屋問題本來不是難事。

一是香港政府有錢，上萬億元儲備是全球少有，純屬淨資產，也沒有像殖民地時期放在英國，香港政府沒法隨意動用。有錢可用而不用，實在奇怪。

二是香港有地。全港開發之地只佔不足三成，與深圳之近乎全開發不同。香港從來都填海，像新加坡那樣，填海可增的土地巨大。就算已開發的土地裏，公私閒置的數額也同樣巨大。不是沒有地，可用各種制度和技術創新來將之活化。有地不用，有海不填，卻喊沒地，這便不是奇怪，而是有不可告人的陰謀了。

把錢用起來，把地活起來，只能是政府。但為甚麼回歸20年，特區政府不受北京干預，也沒殖民地時代那樣受倫敦制約，在高度自治之下，錢不用、地不用，讓房屋問題變成社會裏最大的矛盾，也隨時會演變成政治衝突，這是何解？

曾蔭權與陳方安生合共15年的治港是殖民地餘孽當權，董建華無力，梁振英有心無力，抑或口到實不到，或只能小打小鬧，5年時間太短。但林鄭月娥又如何呢？還是如殖民地培養出來的政務官，只作表面工夫，但求公關工作過關，卻不理深層的矛盾，不理基層大眾的受苦受害？

回歸20年，香港浪費了20年，今天不急作改革，基建落後，制度人事不改革，至少又會遺禍20年。人生有限、歲月無情，這樣因種種不敢明言，卻大眾心知肚明的因素，而使香港浪費40年的發展。中央政府也有責任！怎去面對全國人民！

（原刊於 2017 年 10 月 10 日）

移民為香港之本

香港社會另一被誤導之處是排斥內地來港移民中的中下階層。當然也有不少反對內地來的投資移民，這便有點憎人富貴嫌人貧的心態。不過，反對中下階層移民的佔多。

批評者的理據是他們佔用公共資源，分薄了香港居民的利益。表面上有道理，卻與現實不符。

他們佔用香港的公共資源，應該是視作社會對他們的投資。香港的歷史和國際例子顯示，出身貧窮的新移民往往是社會裏創業和發展的主力，敢闖和敢發展新機會，勝於本地居民的二三代。

香港沒有自然資源，靠的是人才，且是不斷創新更變的人才。香港現時人口老化，移民海外的又不少，人才補充要依靠移民，而融合社會最易、創業動因最大的是內地中下層的新移民。香港現時的社會精英，大部分不是本地原居民的後代，而是新移民的第一代。顯示出香港這幾十年的興旺進步，不是靠原居民或數代居於香港的，而是幾十年不停地從內地到港的新移民。反而投資移民的上層，未必在港發展，只是借用香港的低稅和方便的特區護照。

要協助這些新移民在港創業、努力拓展香港經濟和社會文化，保持香港社會奮勇創新的傳統，政府應以公共資源首先提供出租公屋，讓他們可積累財富和有更寬鬆的環境來尋求發展。香港不少現時精英都是靠公屋來建立在社會發展的基礎。公屋是藏富於民，資本積累起步。香港是要發展，抑或是關着門坐吃山崩，決定於怎樣協助中下層的新移民，怎樣加快發展出租公屋。林鄭的置業主導是破壞發展。

（原刊於 2017 年 11 月 2 日）

政治問題不能政治解決

香港的政治問題不可能政治解決，因為泛民的所謂反對派已經變質。從佔中開始，我們很清楚看到他們收受外來資金，不是以推進香港民主制度和社會發展為目的，而是專事政治破壞，以促成港獨一類極端主義的冒起。他們的政治立場與政治目標已與香港整體社會相違背，怎可以與之和解？

政治解決的方法是磋商談判，求同存異，其中有所進退爭奪，但需有一個共識的民主基礎——社會大多數的整體和長遠利益為依歸。港獨方向絕不是「一國兩制」下香港所能接受。港獨不成、專注破壞與癱瘓政府、妨礙施政，又怎可以妥協容忍呢？

大原則只有是非，有絕對的底線。國共合作時的和解是和中有鬥，大方向是抗戰，抗戰成功後還要競爭的不是一己一姓一黨的天下，而是中華民族在列強侵佔下重新站起來。香港的「一國兩制」同樣應是和中有鬥，和是為了順利完成回歸，雪百年恥辱；鬥是為了香港與國家民族的長遠發展，大多數中國人的發展，不讓香港再淪為外國勢力的新殖民地。二次大戰後的歷史，顯示老殖民主義向新殖民主義轉變，形式手段不同，目的也是掠奪當地居民的資源利益。不少殖民地獨立一直未能脫困，更陷入更嚴重的政治經濟社會危機，已足以證明歐美列強並未從帝國主義、殖民主義克服過來，掠奪之心不變。

中央政府反對回歸以治權換主權，是不讓少數附外的精英任意妄為，掠奪大多數港人的利益。政策推行不力，我們可批評，但不能忽視其初心。

(原刊於 2017 年 12 月 15 日)

公民社會？

香港一些人喜歡動輒便提公民社會，但是，甚麼是公民社會呢？在香港，哪些團體算是公民社會的組織呢？香港不少的關注組，人數不清、性質不明、內部關係隱蔽，很難令人相信它們就可代表香港的公民社會。至於非政府組織（NGO），透明度較高，也有會址、人物可追索。可在運作方面，即使特區政府有社團組織法管理，卻無法有令人滿意和信服的監督。

最近，如樂施會、世界宣明會、紅十字會這些跨國的大型NGO 都出現不少醜聞，令人懷疑這些 NGO 的管治問題。它們又怎樣可以當之無愧地作為公民社會的代表呢？更何況以其跨國身份來作香港公民社會的代表或標誌呢？

這些跨國 NGO，資金來源不少來自歐美政府的外交或政治經費，並不是民眾自發自願無條件捐獻支持起來的，它們不少在歐美國家以外從事政治活動、干預當地的政治發展。例如樂施會的香港分會便曾資助海外的顏色革命，用香港分會而不是總會或許便是掩人耳目，掩蓋資金實際來源。在對歐美政府海外戰略重要的發展中國家，這些跨國 NGO 不少是直接從駐當地的大使館拿取經費，並受具體指揮。它們活動的重心也越來越進入政治，推動它們號稱的民主化。這些跨國 NGO 難道可代表當地的公民社會嗎？抑或是政治滲透、假文化之名來作政治推銷、統戰與組織反對當地政府的勢力？以烏克蘭為例，有公開研究指出，這些國際NGO 用各種直接或間接投資組成大批本地 NGO、關注組一類。

公民社會首要排除外國政治勢力。

（原刊於 2018 年 3 月 4 日）

中學通識課

香港中學的通識課程最大的缺陷，是沒有足夠的知識內涵。

Liberal Studies 不是認為學生天生聰明，甚麼不用學都懂，而是把知識的界限擴闊，在擴闊的同時，要增加知識，不是減少。因此，學生與教師都要認真學習，學習的是眾多在中學課程原來不教授的學科專業知識，包括經濟、政治、社會、心理學、地理、歷史、文化和科技等等。或者是把大學的有關科目內容簡單撮要地講授，重心是基本知識，包括有關概念和理論，使學生有一個較為全面，也突破文理狹窄界限。

香港通識課的問題，是學生不下基礎工夫而變身時事評論。學生的知識積累和層面不足夠，卻要讓他們以獨立思考、評論為主。連分析的能力也不嚴加訓練，他們便只能抄襲，或憑粗淺的認知與思維和狹窄的國際與生活經驗，在還未能分析，便妄加評論。抄襲本不是壞事，可學生與教師的閱讀淺窄，能抄襲的便變成報章雜文，其中夾雜眾多錯誤的知識和偏頗的觀點卻沒法分辨，抄襲的同時便變成洗腦。

通識課程的目的不是使學生稍加學習便可通曉，應該是加重基本知識的訓練。中學課程已趨於狹窄淺薄，歷史、地理、社會、科技都少有教授。這些知識變成無關考試而不教授，卻使學生徒成少數科目的考試機器，考試之外無知無能。把通識課程變成學生增廣知識的渠道，除了培訓教師外，更重要是教育當局與大專院校組織優秀的教材，不能讓教材由市場決定，淪落為考試的天書。

中學生是社會關鍵的一代，我們不應放棄。

（原刊於 2018 年 4 月 23 日）

反高鐵

　　香港興建高鐵出現這麼多問題，主因是政治問題，因對內地偏見而不用內地高鐵企業興建。香港人不談政治是騙人的話，不少香港人與特區政府的官員都是政治掛帥——英美絕好，內地則不好，可避則避。這樣的政治執拗甚至演化為對普通話與簡體字的歧視。

　　很可惜，這些人並沒有移民定居英美澳紐，還要在香港賺錢、生活。他們當年是支持英國殖民地，反對香港回歸；今天則是反中反共（但連甚麼是共也弄不清楚）、反國教、反高鐵。佔中能夠持續這麼多月，背後是這些人反對「一國兩制」，只要香港一制。

　　但歷史不是拿着外國護照、居留權卻妄稱為香港人者所決定。他們可以移民，移民之後可以回流，實質是對新的國家沒有歸屬感，沒有忠誠。但是，在中央政府堅持和香港大多數人抗拒之下，以一制來顛覆「一國兩制」便沒有機會。反高鐵是少數人，目的也不是反高鐵而是借題發揮來動員反中反共的人羣。

　　內地高鐵的發展，證明他們反高鐵的全無理由。香港作為國際城市，怎可以沒有高鐵接上全球最大的高鐵網絡呢？

　　反高鐵也有一些人希望香港整體凍結，維持過往現狀而全不發展。他們不是宅男一類青年，便是退休而又生活富裕者，他們追求閉關自守以至文化的近親繁衍。在香港與世界急劇轉變中，這些人是被淘汰者。以被淘汰者來阻礙發展，傷害所有希望自己和子女在香港有所發展、繼續發展的大多數。這是可能的嗎？

（原刊於 2018 年 6 月 10 日）

香港成地主經濟

　　70年代是香港黃金時代，社會穩定，經濟發展，殖民地政府在麥理浩管治下開始整頓貪污，推行發展大計。

　　這個時期也是香港房地產最受壓制之時，香港一半人口居於出租屋，也沒富戶政策，不少家庭以公屋為安居樂業之所。一半人口住私樓，卻受制於政府嚴屬的租務管制監控，偏於租戶而不是業主，購置房產無論對個人或公司都不是投資的重要選項。正因如此，個人和社會的大部分財富不會變成房地產開發商的利潤，而是可投入個人的教育和創業投資中。生活與生產成本受控，社會的經濟增長不高但穩定。

　　殖民地政府有千般不是，為了它的政權，壓抑房地產，維護社會的穩定和人民的安居，卻是一大良政。當然這也是英國政府的命令。

　　中英談判裏英國失敗，香港必定回歸，英國政府便放棄對房地產的抑壓。麥理浩的十年公屋大計中途而廢，租務管制逐步取消，就連以往的衛星城鎮的綜合平衡發展的方法也轉變，一切以樓價上升，殖民地政府地價收入作為目標。中國政府誤信英國，以為房地產發展才是正常，親近中方的香港商界也以新興房地產商為主，防範之策只是扣起部分土地不讓殖民地政府出售。在人口增加底下，這也變成樓價穩步上升的基礎。回歸20年基本上變本加厲，甚至減少土地供應，壓縮出租公屋。

　　當前香港恰與1970年成強烈對比。香港已變成地產主宰、地主經濟，更多人變成業主，利益所趨，樓價只能漲不能降。特區政府的角色變成怎樣？

（原刊於 2018 年 7 月 3 日）

官員不做事

回歸以來，特區政府的主要官員不停地訴說香港的發展是怎樣好，怎樣優越。這似乎是對的，因為樓價股價長期見漲，樓價近年更漲至天價，領先全球。對於房地產發展商、對於擁有眾多資產的地主們，這當然是很好和優越。但 21 年回歸，香港居民的中位數收入增長比不上物價，實際上是下跌。貧富差別擴大，香港愈來愈多貧困長者、蝸居家庭，連基層兒童也往往有衣食不繼、營養不足的問題。他們哪來有發展改善，哪來生活優越？

中性一點看，香港總體競爭力不升反降，周邊城市借助國家發展的助力而有大轉變，香港還是原地踏步；就算經濟有增長，靠的是內地資金、內地遊客、內地移民，卻沒有怎樣作出配套建設，發揮作用。

結果內地資金不是來洗錢外逃，便是作金融地產投機，對內地遊客不懂安排，不作疏導。對內地移民不加援手，讓眾多家庭在低層浮沉，只是充當廉價勞動力，卻提升不出他們的人才優勢（勤奮努力、向上發展的動力）。

香港這 21 年裏，只是重複英國遺下的體制怎樣好，地理區位優勢怎樣優良。與此同時，香港港口的規模在國際排名一直後移，輸給了深圳、廣州。而外貿出口也同樣萎縮，本地出口只是珠三角小鎮水平，體制、區位因素保不了香港的競爭力，人才問題也開始浮現。香港說是市場經濟，但政府直接與間接的干預作用巨大，市場經濟早已變成寡頭壟斷。政府的作為是官商勾結，抑或是壓抑資本推動社會民生與發展？香港政府不是沒能力，只是英國留下的高官順從資本，不做事吧！

（原刊於 2018 年 8 月 4 日）

台港關係

　　台灣與香港本是血脈相連。1949 年之後，台港關係更為密切，特別是內地開放，兩岸關係改善。很可惜，不知是否在英國開始佈局香港回歸之同時，美國亦借台灣黨禁開放而滲透反國民黨的黨外勢力，把美國培育的人才輸送回台，由民進黨而台聯，乃至今天後太陽花運動的激進台獨組織。1997 年香港回歸，台港關係走下坡，馬英九未能挽狂瀾於既倒。因台獨因素，台港關係在政治層面上越走越遠，民間往來也難免受到衝擊。

　　近日，媒體披露鄭宇碩、華人民主書院，與佔中、港獨等的各種關係。即使我們理解華人民主書院這樣推動佔中與港獨者，背後力量是美國，台獨組織的介入都是經由美國安排，但卻使人難免看到台獨與港獨的關連。這樣的關連一建立起來，不易解脫，就連美國減少直接介入，台獨港獨都會有不現實的企望，政治互動的意圖與積極性會存在。當台港青年大學生通過各種渠道交流，台獨、港獨合流的傾向會不少。

　　台港關係已因民進黨不認九二共識，兩岸關係惡化而陷於進退維艱之勢。台獨港獨的聯手應該會製造出台港關係的更大障礙。

　　中央政府的對策，應是 23 條的及早立法，依法來禁制港獨及如華人民主書院一類有外國資助、台獨關連的組織及人物，在香港之內清除港獨萌生的基礎。林鄭月娥政府的拖延立法，是政治不合作，有放縱港獨嫌疑。中央政府不應忍讓。只有清理港獨，從而剷除台獨港獨聯手的機會，台港關係才可進入正常發展的軌道。即使如此，台獨猖獗的話，台港關係也會遭殃。

（原刊於 2018 年 9 月 10 日）

填海有理

　　政府提出的「明日大嶼」,錯不在填海,而是匆忙提出,沒有詳細討論戰略如何、策略如何、與周邊地的配合如何。或許政府的官員以為香港社會捨政務官與現任一些規劃官員外,無人會有學識能力批評政府提出的任何大計,便可胡混過關。

　　當然,反對「明日大嶼」的不少是為反對而反對,全面否定填海,沒有根據或理據,只是譁眾取寵,用一些亂編的理由來試圖欺騙無知的羣眾與媒體。他們提出的反對理由低級錯誤,有 5 000 多人參與示威,也便反映這些人不用大腦,人叫他們反便反。另方面,亦足以顯示出政府在提出計劃概念時,準備極不足,連一些基本的問題也沒有預先準備和回應,是心存僥倖抑或是他們本身能力和知識便有限?政府不是沒人才、社會不是沒專家,只是林鄭施政還是政務官員關着門拍腦袋來定政策。

　　有關填海的大多數問題,相信在爭論幾天便足以辯清。一是填海正是香港發展的基石,只是在哪裏填海、怎樣填海?二是填海選地不會耗盡儲備,這屬土地投資,成本之外,還有收益,且以香港土地供應情況看,收益必然大於成本。三是填海工程及配套設施是分階段分年進行,香港只不過是在現時每年基建工程費加上幾百億元便足夠。四是填海工程能創造經濟活動、帶來收入與就業。五是由填海帶來配套的交通等基建措施改善,正好補香港基建落後的毛病,對整體經濟增益巨大。

　　政府要講道理,社會也要講道理,道理不是喊口號,也不是特首說說便是。

（原刊於 2018 年 10 月 19 日）

香港貧窮問題惡化

香港貧窮人口又有增長，高達人口兩成，即使加上政府的福利援助，還有超過 100 萬人居於貧窮線下，其中包括眾多的長者和兒童，後者會是今後代貧窮的根源。而長者貧窮的問題是歷代政府積累下來的後果，或許不能完全歸咎現政府。但現政府坐擁歷代政府積下來龐大的儲備而不作足夠的補償，也是責無旁貸。

香港不是沒錢，而是有錢不願投資。政府主其政的官員不知是安甚麼心？儲備與其放在金融產品，讓金融機構賺取服務費，也只得零頭的回報，遠不如投資在香港社會之內。投資於貧窮長者，可免卻他們家庭的負擔，也對他們過往的辛勞貢獻作出回報。投資兒童更是投資未來的人才，怎可以用投資股市債券的單一回報來作比較？最關鍵是香港政府的官員，建制的議員們，對經濟無知，不知政府支出會產生消費和生產需求，支撐整體經濟的運作。經濟運作是依靠資金的循環，不是像守財奴那樣把錢集中於極少數人手裏，掠奪大多數人的消費權利與能力。金融投資或許有一時的高收益，經濟周期變動，最後還是大多數的金融隨泡沫而消散。

香港政府沒有任何可令人信的合理理據（不計算那些胡亂理由）漠視社會的貧窮問題。香港積累的儲備不是政府官員和議員擁有，而是屬於全民，上代今代下代。佔了五分之一的人口處於貧窮境界，他們應該有足夠的聲音和力量來逼使政府改變不知為誰的守財奴心態與政策取向。

要說民主公義，脫貧便是最大最迫切。

（原刊於 2018 年 11 月 24 日）

沙中線啟示

沙中線工程失誤一事，並不是獨立偶然之事，而是反映着由政府到企業，包括專業人士在內的系統性問題。

香港素以自讚是專業水平，無論是政府官員、企業的管理層，以至辦公室與前線工作的人員，層層有專業資格，講究專業主義。而在體制方面，英國的制度，以至落地於香港制度，在專業主義以外，還加上層層的認證與監督，相互節制、互相監督，還加上不少層次範圍的專業顧問人員的參與。此所以英國傳承下來的制度，成本費用較高，但似乎可保證質量、保證安全。問題是，在制度上層層加上專業要求，不同級別的專家問責和顧問評審，真的保證不出問題嗎？制度可以形式化的設立眾多規矩、準則、程序，但在整個過程裏還涉及權力：企業行使管理的權力、專業人士得到法律支持的專業權力、政府行使公權力監督審批的權力。權力往往不願受限制，外部的制度制約容易被各種權力衝破，變成徒具形式，只是掩飾權力的藉口。真正能制約權力的是內在的道德，內在道德使掌有權力的不敢不願濫用，不肯用權力破壞制度，以身試法。內在道德也使掌有權力的嚴格執行所賦有權力的責任，嚴格執行，不徇私不胡作妄為。從而使設計制度的相互監督節制的原意能認真落實，產生應有的效果。

香港近年的失落，不是專業資格的不足，權力的不夠，而是從政府到企業、到專業人士、到社會大眾，道德的素養出了問題。或許這是股市、房地產投機造成的壞的示範。或許是香港過於吹捧成功，否定失敗，把成敗看得絕對化、簡單化，因此為了成功便不擇手段。或許媒體的商品化、庸俗化和幼稚化，過度

吹噓奢華驕逸的人與事。或許教育也同樣商品化，大學中學爭排名，實際是主其事者的名與利，與教育的原則背道而馳；教育起不了教化的作用，不是用沉重的考試挫傷年青人的好學好奇，便是製造只懂考試的尖子精英，不吃人間煙火，也不理會社會民生，別人的生死。

或許每個社會每個時代都會有相類的批評，香港不比內地、不比美國為劣，但不能據此而不作檢討、整頓、改變。

沙中線的醜聞暴露了香港整個體制的問題，是繼續沉淪，大家胡混過日，還是社會上下嚴肅地檢討？從政府到港鐵到承包企業到專業人士都要認真地弄清過錯，弄清才可以有改正的機會。

（原刊於 2019 年 2 月 9 日）

顏色革命

　　美國在別國策動顏色革命，已經形成標準的公式。

　　首先選擇當地最具政治爭議性的課題入手。在香港是社會的反共反中心態，而政治民主只是次要，依附着這個心態。第二步便發動各種媒體輿論攻勢，培植代言人，組織製造文宣教材。香港在回歸後的教育改革正好給予其切入大中小學的教育體系之內，加深原來殖民化的教育。回歸後的民主選舉，特別是民主黨等的世代更替，一如台灣由黨外轉變為民進黨。原來政治原則與信念強的被吃政治飯的專業或基層領袖所替代。在這個過程裏，政策政治化、反共反中化的深化，得力於蘋果和港台及由此衍生出來的各種網媒。第三是組織學生形成前線主力，也可借學生組織和身份來作掩飾，其中應涉及骨幹在海外受訓。條件具備之後，便伺機找政治課題來策動示威遊行。但示威遊行的政治課題只是掩護，以發動最多人上街來顯示動員力，壓迫政府。示威遊行是政治動員、文宣動員、組織（資金、後勤）動員，可是不會遊行完結便算。關鍵之處是用少數激進分子與警察衝突，佔據城市中心地區。一是以癱瘓市政來製造最大本地和國際新聞，吸引更多懷着各種不滿的人參加，壯大聲勢。二是佔據不退，便最大打擊政府的管治決心。三是藉機策動與警察的最大衝突，以流血來製造社會更大激化反應，最後是政府首腦下台。這一場戰役便獲勝，在政府的政策和管理體制將更乘勝追擊，更換政權。

　　從六四開始，顏色革命、阿拉伯之春，方式都是相同，只是六四時屬初始試驗，公式未完善。香港的佔中、旺角動暴乃至今次反逃犯條例，經歷了二三十年反覆應用，公式已經標準化。但

因網絡的發展，假新聞、網絡動員的力量都比以往更加水銀瀉地，無孔不入，也更加有效的借用大數據、社會媒體來塑造民意民情。無論是媒體、網絡乃至其他方面的動員更是跨越地域、跨國呼應。

以往的顏色革命針對的是個別國家，僅只有地緣政治的戰略考慮。阿拉伯之春便是首次的大區域協調戰役。

今次香港的情況是美國逐步升級對中國的攻擊，尤其是近一兩年美國已公開地用不同手段攻擊中國。在中國最國際化和發達的城市製造破壞，以至奪取治權，將會是對中國的最大制肘，也是與中國談判的最佳籌碼。故此，反逃犯條例引發的暴動，不會輕易撤退，且會得寸進尺，美國全力大動員投入。

（原刊於 2019 年 6 月 14 日）

法治已死

香港法治已死！

暴徒圍堵警察總部已不是政治訴求，而是否定和挑戰香港的執法機關。衝擊立法會大樓，非法闖入後肆意破壞，更是攻擊香港法治的基石——立法機關，不僅是刑事非法行為，更是公然推翻香港的法治與法制，高舉英國殖民地象徵的旗幟在立法會內放肆，撕毀《基本法》、塗污區徽，在在都顯示暴徒們推翻政權作反的意圖。

假若他們這樣的挑戰、攻擊，政府及警察還是視若無睹，只是作不痛不癢，全無行動的抗議譴責聲明，他們已公開說會繼續作亂下去。今後香港的動亂只會延續。保不住，下一步是攻入政府大樓、特首辦公室和禮賓府。政府與警察的不行動和軟弱正是助紂為虐，鼓勵更多無知、無賴、無聊的青年參加，毀壞香港的法治。

對這次衝擊破壞立法會大樓，關鍵的問題是警察為甚麼放任暴民衝擊，不作任何抵抗？是害怕媒體和示威羣眾的責罵而逃避責任嗎？假若社會變成這樣：人多勢眾、大聲謾罵，政府與警察便要退縮退讓來迴避，放棄法律規定的權力和義務。這樣的政府與警察不僅是失職，也是暴徒毀壞香港法治的從犯！

立法會大樓為甚麼不在外面守？暴徒攻進後，為甚麼不組織防衛反攻，而要提早撤退放棄？這是怎樣的戰術、戰略？

立法會在香港法治體制裏帶有最重要的政治象徵意義，公然破壞而無法律後果，便是縱容鼓勵！整個過程由媒體直播，便是向香港和世界公佈香港法治受攻擊、政府警察束手無策、驚

惶失措。這對香港和政府（包括特區與中央）的形象是何等的惡劣呢？

為甚麼警察不全力制止這樣事端的產生呢？

養兵千日，用在一時。為甚麼要示弱呢？即使是機關算盡，結果是賠了夫人又折兵，損失更大，影響更壞。

守衛立法會大樓必然與暴徒正面衝突，損傷難免。但即使警察流血卻守得住（為甚麼守不住？），既給社會、警察與政府賺取維護法治的巨大聲譽，也可阻止暴動繼續蔓延，不使更多的破壞法治的事件出現，對年青人造成更惡劣的示範。

守與棄守，是主政者一念的決定，或許這便決定了香港今後的命運。香港的作用已日漸細小，對國運影響不大，可以放棄。但千萬愛港守港的愛國之士便會對國家與政府失望，這豈是中央政府所樂見的呢？

大錯鑄成怎樣善後？不謀求反擊，扭轉逆勢，所失會更嚴重、深遠和廣大。

（原刊於 2019 年 7 月 3 日）

反智香港

　　法治是有法必究，犯了法審判是可有酌情，可減免刑責，但不能未審便要特赦。特赦主要帶有濃烈政治因素，立法會議員、學生團體要求特赦參與暴動者，是他們以為政治勝利，可以改變法制，取消法治？當他們還未掌權時，便可隨便特赦，只是黨同伐異的表現。當他們掌權，豈不是把法治視作無物，喜歡那些人可受法制懲治，那些人便在法律之外。這是甚麼的民主與法制、人權政治主張的表現呢？

　　為了目的，不擇手段，美其名為民主、平等、自由、公義，實際上是暴民政治、反民主反公義的利益勢力。這是他們在大學學的政治學，抑或是在中學的通識科，把他們的頭腦弄殘。不辨是非，不知正邪？大律師可以要求對暴動者特赦，便是侮辱了他們法律專業的知識與操守。教育局考評局通識科委員會主席可以在社交媒體上登「黑警死全家」，侮辱了通識科的教育和教師的專業道德與操守，也令人懷疑教育局是怎樣用這樣政治偏頗激進的人來主理全港通識科的考試與評審。他還是香港通識教育通識教師聯會的副主席，這個會是怎樣的政治組合？怎樣的教師羣呢？

　　香港現時的大律師、教師乃至不少的專業人士，不是守着專業訓練的道德操守和標準，與讀書不成的一些中學生、大學生一起，忘卻道理，沒有智慧，盲目地從事他們自以為是的反民主反法治的政治運動，以為是建設香港，實質是破壞社會。路人皆知，可是他們卻是迷了心竅，盲目盲動，正應了以納粹主義最為典範的暴民心理。香港從來都是反智，這是英國殖民主義加資本主義的愚民效果。過往是方便他們統治，方便他們攫取暴利，今

天是用香港的反智來破壞香港，達到他們在撤離香港之後的政治目的。可憐也可惜香港幾十年變本加厲的反智把自己及下一代的利益損害了還不自知，還在趾高氣揚地自以為正義，可能他們看了太多美國英雄系列的漫畫故事。

暴動策動者之一的梁繼平在侵佔立法會發表煽動演講後翌日便溜往台灣。他們的任務完成，留下的讓烏合之眾收拾爛攤子，這是智慧（可惡的政治智慧）與反智之差別。可是香港有數以萬計的羣眾還正義地進行示威遊行，年青人隨意起哄作亂，這是一個怎樣反智到失瘋的社會。

政府與警察的管理層也缺乏智慧，在反智衝擊下，手忙腳亂，不知所措。年年的反智積累下來的是缺乏危機意識，缺乏危機處理方法。

（原刊於 2019 年 7 月 10 日）

教育害人

今次示威與暴動特殊之處，是有大批大學生和中學生參加，且作為先鋒與警察衝突。

大學生是成年人，應知道對自己的行為（包括非法行為）負責。我們沒法左右他們的取捨，但是中學生，特別是初中生，乃至小學生的參與卻大有問題。小學生至初中生心智未成熟，難以辨別是非真偽。他們的參與會是出於朋輩的鼓動，更可能是學校裏老師的教唆、鼓勵。說是代表教師的教協、公開鼓吹學校罷課讓學生參與示威。而公開知道的是，聖心書院的通識教師，被揭在個人面書上標貼「黑警死全家」，他的臉書相信是他與學生同行朋友交流的平台。另英華女書院教師被拘捕，因扣壓羣眾。此舉全然顛覆名校女教師的形象。由於示威暴動中盡是掩蓋面貌，究竟有多少教師直接間接參與暴動不知道，他們怎樣在校內校外煽動中學生、小學生參與暴動，我們亦不知道。但既有先例，便很難會認為他們大多數會恪守教師的專業道德，保護心智未成熟的學生、他們容易跟從教師的政治鼓動，而且以為正義，卻實際上干犯法紀。

政治教師煽動中小學生的政治謀反，不是小事，禍延多年，甚或會害一整代年青人。政府與社會不能坐視不理。

一是要究查教師參與暴動，將他們法治。

二是革除他們教師的專業資格，不讓繼續毒害學生。

三是要徹查是否中小學校的管理層亦參與鼓動學生示威和參與暴動。

四是追究教協及其主事者鼓動罷課，煽動中小學生罷課與示

威暴動。

　　中小學教育是建立學生的知識與人格的基礎。即使歐美社會也從教育中反思帝國主義、殖民主義幾百年製造出來的假歷史。香港回歸後從不反殖民地化的檢討，還希望把殖民地的體制和文化進一步加深鞏固於香港，以為這樣便是現代化，便是文明先進。顯然是香港在回歸後的精英和教育人士還是深深陷入英國的奴化教育的陷阱。回歸後的教育改革，名義上是由親北京的精英來主持改制，但實際上奴化的程度以專家的名義來掩蓋，傷害更大，如通識應是多元教育，不是讓學生不學習實質的知識而胡亂批評。既不是西方，也不是從香港本地條件出發，不倫不類，把教師、學生、家長與社會欺騙了，禍害是教師可胡亂插入主張，欺騙學生，也使學生以為只要聲大夾惡，便是評論。教師與學生都不用讀書學習，便可滿足教育目的，但這是誰的教育目的呢？

（原刊於 2019 年 7 月 23 日）

香港可棄

香港當前止暴制亂的最大障礙有二。

一是由示威轉暴動的暴民，由港獨牽頭，但暴動連綿至今，已經變成非理性的暴民政治，以暴動破壞為目的，已不談甚麼主張。對大多數暴民來說，五項訴求、港獨、光復和革命，乃至英美港盟都是策動者提出的藉口。他們並不理會藉口的內容或是否可行，只是每次拿着藉口衝上街頭與警察作戰，破壞社會，實質是糾眾欺凌，沒有政治主張。與這些暴民實在沒有甚麼談判溝通的餘地，犯法的只能拘捕，作反的只能鎮壓。真的要談判應是他們背後的策動者，但可以或應該與他們談判嗎？顏色革命的要求是改變政權。美國政府與他們在港的代理人黎智英已公開宣戰了，難道要結城下之盟嗎？

二是香港頗大比例的精英，甚至包括不少靠內地賺錢的港商、專業人士。他們本質是親英親美，不少已移民或以移民英美等五眼聯盟國家為人生目標。他們留港只是為賺錢，享受香港社會提供的各種生活條件。今次示威規模巨大，且在演變為不停的暴動，仍有不少人示威支持暴動，正是由於這部分精英的公開叛變。他們並不要求改變政權，只是發洩他們反共反中的積怨。與學生暴民不同，他們不需借政治暴動表現來獲取美國政府恩准留學與移民，他們已經移民。他們也不願意摧毀香港，但他們的情意結是要懲罰特區政府和中央政府。他們不要求玉石俱焚，相信香港有絕對的特殊條件，中央政府不能放棄而只能讓步。一如2014年佔中，宣揚中央政府必然在政治上讓步那樣迷惑參與者。

對中國來說，香港真是不可替代嗎？香港不能替代的只是離

岸金融中心，不是香港整體經濟。離岸金融中心甚至可以把大部分功能虛擬化、網絡化。只要在深圳設支援離岸金融中心專業服務特區，便足以維持甚至擴展香港的離岸金融服務。離岸金融中心與香港本地的經濟政治分離，自成一體，國內國際聯繫由中央政府統籌，便可擺脫香港政治的阻礙。中央政府只守着香港離岸金融中心發展，餘者不顧，讓香港特區政府與社會隨意用政治破壞，香港由此而沒落也不重要。20 世紀香港成全球四大金融中心也不靠香港本土經濟。今天，香港沒落，但有志發展卻可到深圳、廣州等內地發展，這不過是回到 1949 年之前香港的情況。

至於英美，破壞香港金融中心後，他們還有新加坡，還可參與香港的離岸金融服務。

對叛變的香港精英，他們未必保得住在香港的賺錢機會。

（原刊於 2019 年 8 月 28 日）

第二次回歸

香港現時的動亂，不僅是亂局已成，且在美國策動下，正趨惡化。

美國知道中央政府並不會容許特區林鄭政府投降，在香港奪權的成功機會不大。但只要逼得中央出手平亂，美國便有藉口對中國內地制裁，製造出更大的破壞，甚或借機發動美國與台灣早已佈在內地的線人，把動亂從香港伸延至內地，遍地開花便不只於香港。

或許美國並不希冀借顏色革命從香港伸至內地可以推翻中共政權。但必然會帶給中央政府巨大的干擾，有利於中美談判中美國的要求。中美之爭已是新冷戰的開始，美國能成功擾亂香港，以至內地，已是首戰告捷，且會幫助台灣蔡英文的連任競選，鞏固美國在台勢力，這似是絕對站在勝利的一面。

香港在動亂及平亂中的破壞，正是美國壓制中國的第一着，結果如何端視中國平亂的效果。若平亂不易，香港一些人頑抗，美國還可再插一手，把香港的亂局盡量延長，也可以借它的代理人爭取在平亂之後進入香港政府之內，以備下一次再起暴動。

於是香港與中央政府面對的挑戰：

一是怎樣可迅速地平亂，並在平亂過程減少香港一些人頑抗帶來的損失。

二是平亂後怎樣重建政府班子，再不可能讓林鄭的班子不作任何改變而繼續主政。但是，關鍵不在於人事，而在於政策。今次事件暴露出一直以來的香港政策的失誤，50 年不變，變成 50 年不管。不管，對內是縱容香港作為內地貪腐洗錢之地，對外則

任由英美控制香港的司法、教育和媒體，釀成今日之禍。

　　香港既得利益者必然公開地反對中央改變對港政策，大資本家的報刊廣告便可見其思想。但香港事件已成為國家安全、中美對抗的重要戰場，中央不可能再放任不管。管便是要修改對香港的政策，甚或《基本法》也要有所補充、修定。香港特區的「一國兩制」在平亂之後便不可能與平亂之前相同，可是怎樣修改補充呢？這會是香港與中央政府比平亂更大的政治挑戰。

　　社會上有提議第二次回歸。第二次回歸表示第一次回歸有問題，當時的「一國兩制」政策有問題。大方向不需改，但具體執行便有許多要把以前錯誤政策撥亂反正。或許中央政府要在香港進行新一場的大諮詢，要撤除當年過度順應大資本家和既得利益的錯誤做法，與香港社會裏的大多數民眾和真正愛國愛港的人一起合作，重建香港。

　　平亂不爭取民心來改革，便讓美國還有動亂重來的機會。

（原刊於 2019 年 8 月 30 日）

地產霸權

　　中央媒體開始提出香港貧富懸殊、社會矛盾的房屋問題根源，取向已不是僅只針對當前香港的止亂制暴，而是着眼於更深層的結構問題。由房屋問題，追溯到地產霸權，以及本地政治、政府政策中，對地產寡頭壟斷的利益輸送和利益偏幫的問題。

　　香港回歸後最大的問題是房屋問題。早一段時間民間曾有地產霸權的批評，可惜維持不久，便無聲無息地被掩埋了。房屋問題始終被政治訴求所壓制。普選、議會選舉與反逃犯條例等，只談政治，標榜抽象的民主、人權、自由，卻不落地對房屋問題提出政治訴求。近日的示威暴動更偏離政治原則，變成疑真似假的事件的爭執反抗。香港的所謂公民社會是否真的這樣政治化，政治化至不顧及底下的結構問題，以及產生結構問題的政治經濟因素。反而大而化之把一切都歸究於中共、香港回歸，在微觀與宏觀兩頭走上極端。甚而弄虛作假，故意忽視了與現實連接的結構問題中，重之又重的房屋供應與樓價。

　　今次事件的演變，當可看到本地媒體對製造事實、引導輿論的巨大作用，且大部分的媒體，包括突然冒出的網絡媒體，都似乎在報導、分析方面有着相同的基線和取向，組織協調的痕跡十分明顯。也因此，輿論的引導也是集中於衝突的事件，當然是批評警察「暴行」、掩護暴民的「暴行」，並製造和誇大內地的干預，與示威暴動的文宣工作重點相同，互相呼應。這是英雄所見略同的偶然，抑或是從開始便有組織協調之功？

　　新聞應自由，但媒體並不自由，主要資本的控制，特別是網台，驟然冒起，不是資本操作，那會是眾籌的力量？唯一異數是

香港電台，用政府的錢行反政府的政治活動。

中英談判後，英國銳意培植地產市場和其中的寡頭集團。香港最大的資本是地產資本，並從地產擴展至公共設施、媒體及眾多行業。西方極右機構贊揚香港經濟自由，實質是贊揚壟斷資本的經濟自由，而壟斷資本在香港只有地產的寡頭集團。

正是由於地產寡頭集團的壟斷勢力，才看到政府的政策偏向他們的利益，曾蔭權政府最為明顯。而在公民社會與政策層面，反地產既得利益的必受壓制，媒體、學者、政黨、官員都不顧一切地維護地產的利益。對地產霸權的看法反映事實，卻受各方抹煞。

今次事件導致中央媒體批評香港的房屋問題，或許可對地產霸權有所抑制，逼其收歛。

（原刊於 2019 年 9 月 18 日）

讀歷史

今次事件中的大中學生，也包括教師等專業人士，其中的政治迷信，跡近邪教的思維方法，可以說政治文宣，特別是加上網絡技術因素（背後或更有大數據的計算）的效果，但這些屬於外因。更關鍵的是內因：教育的缺陷，主要是沒有歷史教育，不知香港、中國、世界的歷史。不懂歷史便不懂分析，便容易被人用假歷史，錯誤的分析誘導、迷惑，以至洗腦。殖民地時代還有中學必修的中國歷史，內容陳腐，也避開近代史，只到 1911 年為止。但至少學生知道中國歷史，認同於中國歷史。回歸時取消中國歷史必修課，代之以妄論政治時事的通識。不知史，無以為鑒，便是牛鬼蛇神，大發厥詞，學生便逃避不了政治洗腦了。

解決的方法，是用中國歷史替代通識作為必修科目。中國歷史也要革命，除掉封建和殖民主義的錯漏歪曲，還中國歷史的真實。

中國歷史的真實是從來沒有閉關自守，而是一直以來的演變，依賴着中外文化交流和經貿技術往來。華夏的歷史從來都是與外來因素糅合而相互衝擊。文化、人種、乃至器物、制度均是中外融合的結合，沒有種族純化、近親繁衍的弊端。越是開放，越是與外融合，文明的發展越是燦爛的可持續。穆天子西遊，漢帝國與羅馬帝國的連接，唐的天可汗，蒙古的四大汗國，明清白銀貿易的串連歐亞非和美洲。中國從來都是開放的世界的組成，清末的閉關自守不過是為勢所迫，為時不長，也實際上關不了門。就連共產黨革命之後是美國的封鎖，也封鎖不了中國其後的改革開放。

習近平提出的「一帶一路」，承襲幾千年連綿不絕的絲綢之路，也使國人和世界可以突破帝國主義與冷戰築構的世界假歷史，重新面對真實的世界歷史，可以用真實的歷史為鑒，認識當今我們所處的天下，包括中國內地與香港，從真實的認識來了解現實的選擇。

假若香港社會讀歷史，了解唐代廣州成千年商都後香港的附屬關係，了解明清時期中國怎樣在廣州、香港和澳門與外國的周旋、鬥爭和貿易；了解英國為甚麼選香港為殖民地推動對華的鴉片和其他貿易，以及怎樣建立起上海、香港、新加坡的東亞條約港體系，與列強競逐分割中國；了解冷戰中美國怎樣利用香港，也怎樣在香港與中國聯手合作，並在戰勝日本、蘇聯之後，和平轉變中國不成功，便開展新冷戰，以香港作為戰場。

了解這些歷史，我不相信學生與香港居民還願賣國。

（原刊於 2019 年 9 月 29 日）

焚書坑儒

香港的暴民，不管他們是教師、社工、大中學生或專業人士、社會青年，近月表現出來的是野蠻無賴。無論他們是何等學歷、宗教，不分男女、老幼，典型的滿口粗言穢語，反映出他們心中的兇狠、暴戾，也便是任意破壞、任意傷人。看不到他們有甚麼政治倫理、道德與原則，不過是一羣失去理智的野獸。

相比香港以往大型的暴動，1967 年是反殖民地的政治暴動，1956 年國民黨右派與黑社會勾結的暴動，也沒有今次的肆無忌憚的動亂和傷人。或許香港人多了，也多了讀過一點書，有些知識，也有物質條件的青少年和對社會不滿的中青年。他們暴動的手段勝於前人，但是狂野的暴虐卻沒有政治的規範，用假設的理由來掩蓋他們恐怖主義的衝動。他們在破壞香港的同時，創造了許多香港之最，乃至世界之最。

他們的言行表現，可媲美邪教為主的義和團和文革時期的紅衛兵，也與德國納粹前期穿着黃褐色卡其布軍裝的納粹衝鋒隊或意大利墨索里尼的黑衣隊相類。這些組織都是依靠盲目的政治迷信來對社會施虐，打砸燒和推行政治迫害。他們是反智的，因為一方面他們本是無知，才容易上了宗教與政黨的邪教。另方面，他們無法用理智解釋他們瘋狂的言行，便索性把其他有智慧的人都迫害。

這幾天，香港的暴民搶掠中資機構書店和電信商，後者是為了搶掠手機，前者卻是把店裏的書搬出來縱火，上演香港的焚書鬧劇。

同時期，暴民的大學生在大學裏威嚇校長教授，闖課堂強迫

停課，脅迫學生參與示威暴動，這還未到坑儒，也比不上紅衛兵所為，但再放縱，早晚會出悲劇。但他們已經在大學校園裏進行破壞，把大學變成暴民大學、暴動大學和暴民暴動的指揮、後勤和人員補充基地，成羣結隊地到社會上打砸燒，這與紅衛兵只是五十步與一百步之差。紅衛兵還不懂用汽油彈，香港的暴民大學生已頻繁使用。幸好香港警察沒有和他們勾結，外部的槍枝也難走私進口，否則的話，依他們現時的脾性和衝動的升級，不僅搶警槍，還會如紅衛兵那般用戰爭的武備來作反。

特區林鄭政府說香港還未到緊急情況。若政府可控制暴動，維持社會治安與平民老百姓的安全，他們說得不錯。但是，這幾天香港的治安失控惡化，會不會演變出來更大的動亂，全面破壞、全面攻擊，乃至出現無警時期的混亂？

特區政府有甚麼有效的策略與措施呢？

（原刊於 2019 年 10 月 10 日）

基督教

　　民主現時已劣化為普選，而普選的不同形式代表着不同利益的競爭。民主政制的普選設計本來是讓選舉中以不同利益的代表來爭取選票、取得議席。但在議會中卻可通過討論、協議、妥協來達成法案的立法。而即使堅持不妥協，還可用少數服從多數來達成立法的結果。不過，普選代表不同利益的原則卻會產生社會分裂、政治壟斷壓迫的效果。一是堅持利益不肯妥協，不僅在議會爭執，且伸延至議會以外來鬥爭，普選民主和議會政治協調功能便失掉。另一是以利益掛帥容易造成多數的壟斷和專政，壓迫其他少數利益的羣體。由於多數掌權，包攬了政府的資源，更易長期維持多數的政治壟斷，形成普選體制的形式之下反民主專政。

　　歐美民主普選的政制未因利益分割和惡性競爭而瓦解，關鍵在於普選政制之外還有全民性的文化制度與傳統的制約，例如國族觀念、國族利益和歷史文化傳統。但最大的社會融和之力是宗教，特別是各種基督教。這些全民性的觀念與制度是要求社會和諧，背後是社會的一般利益高於任何羣體的局部利益。因而普選的利益衝突便要被這些宗教性和道德化的傳統和制度所制約、所凌駕，迫使參與普選者為此而抑止利益衝突惡化。德國社會學家所說的基督教與資本主義關係中，後者應包括普選政制。

　　但在歐美以外，其他國家的情況便大不相同。一是政治經濟的侵略迫使民族主義代表了整個國族社會的大利益。二是帝國主義與殖民主義帶來的基督教，一直以來都是侵略別國的藉口和工具，因而形成在這些擺脫歐美侵略國家中民族主義與基督教的對

立。在外來基督教以外，本土的宗教，例如回教，更與民族主義結合，對抗基督教。

而基督教依傍帝國主義而來，也依循其總部在歐美的主張與指示，與帝國主義結合更深。因而，在這些國家裏，基督教多親西方，支持分裂主義的政治運動，例如基督教在台灣與台獨的關係。基督教便不構成社會融和的力量，而是社會分裂的推動力，與民族主義及本土宗教文化歷史傳統形成對立，互相攻擊。

在基督教處於壟斷地位的發展中國家，若實行利益競爭的普選制度，會因基督教的介入而更形分化分裂，除非親西方政權當權，基督教便成護法。否則的話，政治紛亂，無以寧日。

香港正如此，如陳日君之流便借教會之力推動反共反中，暴動中多有基督教會與教徒的影子。

（原刊於 2019 年 10 月 15 日）

香港的希望

中美新冷戰開始之後，將會是幾十年的中美之爭，隨之必然是金融戰。作為中國國際金融中心的香港，難免殃及池魚。

殃及池魚有利有弊：

有弊當然是美國對內地企業的攻擊，限制美國金融與香港的合作，也把對中國的一級、二級制裁伸延至香港。香港金融的兩個支柱——內地企業（包括 A 股市場）、英美體制，均難免受到衝擊。香港金融與美國體制，包括美國勢力所及的附庸國家，例如加拿大、澳紐，今後的交易會多受政治風險，也有脫鈎的壓力。香港作為內地資金走往美國的中介作用必然大損。由此，香港現有的金融業務必然大減。

有利之處卻是美國驅逐中資企業、資金、人才，香港卻可成為收容之地。香港以 A 股為主的金融市場更可乘機擴展，少了美國因素卻使香港多了中國因素，資金更加充裕。內地產業金融的多元化，使香港的金融市場也可多元化和進一步壯大，更迫使香港加強金融風險的防範，與內地合作，保衛這片中國的國際金融中心。

美國對付中國反映出美國霸權主義走到末路的瘋狂。不僅對付中國，也對付所有不屈服於它霸權之下的國家，結果便是眾叛親離。歐盟與日韓都急切與中國合作，更不用說俄羅斯及亞非拉的發展中國家。此所以「一帶一路」倡議越來越落實成為去美國、去美元的全球化戰略和發展趨勢。

香港失去美國因素，除了多得中國因素外，還可面對去美國、去美元化大市場的機會。倚傍中國，依循「一帶一路」戰略，

香港的金融市場便多了龐大的新發展機會。全球貿易今後十年40%在亞洲，20%在歐洲，不足20%才在美洲。香港面對的新世界會是美國佔的份額越來越少，中國為首的新興國家的比重越來越大。失去美國，若能深耕歐亞非，當會是香港又一次轉型騰飛的機會。

香港需要的是打掃庭院，做好預備，也即是鞏固政治經濟社會的穩定。改革金融體制，排除泡沫風險隱憂，建設防險機制，並且大開中門，廣招各方人才，迎接新來的機遇。今後再不是英美為主，香港可以與倫敦聯手打造人民幣離岸市場體系。但更需面對非英語世界，在教育培訓、招攬人才方面，多方開放。俄語系、伊朗語系、阿拉伯語系、西班牙語系、葡萄牙語系，以及亞非拉眾多不同語言文化系列的國家社會經濟和它們不同的法律制度，香港都要同時適應，以造就國際最多元化和包容的金融中心，承接廣州千年國際商都的傳統。

（原刊於 2019 年 10 月 31 日）

民主的威脅

　　香港示威暴動者，近來都喜歡引用烏克蘭 2014 年顏色革命的例子。他們以為 2014 年基輔廣場上的示威，成功地推翻烏克蘭的民選政府，完成民主的革命，同樣的過程亦可在香港產生。可惜無知的他們不去探究烏克蘭這第二次顏色革命是怎樣由美國策動，也不知第二次顏色革命與第一次同樣效果，推翻了民選政府，再選出來的還是貪腐的政府，差別只是由親俄變成全面親美，且引致東部俄裔為主的省份分離，帶來內戰。同樣的後果是國家的經濟民生進一步衰退。以蘇聯第二最發達的加盟國，僅次於俄羅斯，變成全歐洲差不多最窮的大國。而最近的大選，超過 75% 的多數票選出的素人總統，也要與俄羅斯談判來解決東部省份分裂的問題和經濟上對俄依賴。從 2019 年回顧，兩次顏色革命只是帶來窮折騰，而美國還似在策動第三次顏色革命。

　　美國在烏克蘭策動顏色革命依靠的是極右派的政治組織。烏克蘭長期有着極端右派民族主義的傳統。在蘇聯革命初期，烏克蘭右派民族主義便與英法等聯軍入侵蘇聯。二次大戰時，極右的烏克蘭軍便大量屠殺波蘭及猶太人。蘇聯時期，極右派受到鎮壓，勢力轉往海外移民中。蘇聯解體、烏克蘭獨立，極右勢力通過海外移民回歸及借助反俄羅斯的民族主義情緒得以復甦，但還一直處於邊緣地位。轉機來自美國策動的顏色革命，由海外極右移民與美國資助，聲勢有所膨脹，人數還是極為有限。2014 年廣場革命主要是由極右組織亞速運動 300 人推動，借助羣眾一時的支持而再次推翻民選政府。自此，極右派組織湧現、亞速運動的民兵組織甚至被納入國家軍隊行列，並成為內戰中攻擊東部

省份的主力。也因此，在政府內爭取了不少支持，而極右派組織在國內的極端和暴力行動沒有受到政府的制裁，對烏克蘭社會的恐嚇逐步提升，新納粹主義與種族主義的排外性也越來越公開。在總統與國會選舉中，因選民看清他們的政治威脅，支持的投票率不足 1%，但即使素人總統上台，政府內部未及整頓，極右傾向和同情支持他們人亦不少，使到他們的極右主張容易騎劫政府政策。

即使歐美的政治組織，包括保守主義的陣營亦開始擔憂，恐懼烏克蘭的極右勢力失去政府和民主體制的約束。

香港正走上極端主義的道路，暴民表面上訴求民主，實質是極右派的種族主義傾向。香港要以烏克蘭為戒，不是仿效。

（原刊於 2019 年 11 月 2 日）

黃絲經濟圈

　　有提議說，香港應跟隨美國，停用中國貨品，在香港建立「黃絲經濟圈」。這個提法在香港反共反中的港獨圈子頗為流行，且部分付諸實行，破壞非黃絲的零售店舖，鼓吹只到黃絲店舖消費。實際上，也有個別茶餐廳受惠，以黃絲的消費力，養起個別店舖或許沒有問題。要搞一個黃絲經濟圈，相信沒有力量，更何況要把中國內地的因素消除，卻未免是天方夜譚。美國經濟去中國化，在今天基本不可行，不僅是成本因素，事實上，國際市場不少商品，包括中間產品，都極端依賴中國生產的供應。美國的去中國化只針對個別產品，且是尖端產品，目的是為美國企業和美國生產爭奪失去或正在失去的國內市場。美國政府從來不敢把去中國化全面擴大，也不敢將之施諸美國企業在海外生產。美國以這樣大規模的經濟，面對全球的供應尚且如此。以香港這樣一個小地方，要在內部挖掘一去中國內地化的經濟圈，全是匪夷所思，就算是黃絲的茶餐廳能夠去中國化嗎？

　　中國內戰時，無論是面對日偽軍的侵略或國民黨政權的攻擊圍堵，共產黨的根據地可以自力更生，此所謂延安精神。但這屬低水平的自足，且實際上仍然依賴與敵偽白區貿易。

　　香港今天的社會黃絲這一類人，第一是他們能否回到中共革命時的艱苦奮鬥，自力更生。理大一役已顯示這些自稱時代革命者，連廚房廁所的衛生也弄不好，不過是驕縱無能的童黨。他們和他們的同路人怎樣建立自力更生的黃絲經濟圈呢？香港本地生產的比例極低，絕大部分要依賴進口，按他們去內地化的思路，一是只買非內地生產的蒸餾水，東江水不能用，也不能使用包含

內地輸港的電力供應。他們可以柴油發電，但也不能買內地加工生產的柴油。諸如此類。即使可以從內地以外地區進口，也即使開拓進口渠道和後勤體系，幾年都不可建立去內地化的黃絲經濟圈。

　　或許退一步不搞去內地化的黃絲經濟圈，黃絲圍爐自暖，但是公佈黃絲經濟圈的店舖名單時，不是黃絲的便忌諱不去光顧，而內地有關的各種食材物料的供應商也可把黃絲的店舖列入黑名單，不給供貨。這些店舖可維持多久呢？像「革命者」棄港逃往台灣，黃絲店舖也會集體逃亡，逃出黃絲經濟圈。

　　去內地化和黃絲經濟圈都是無知童黨的笨主意，一如要燒港幣鈔票來打擊香港金融那樣，天下可能沒有再笨的了。所謂才子附和只顯其醜。

（原刊於 2019 年 12 月 13 日）

國安立法

香港的「一國兩制」已經陷入中美之爭的漩渦，即使中國內地及香港怎樣不願意，美國仍然會堅持以中國為敵，作亂香港。

要限制美國在香港的作亂，首要是確立保障國家安全的法例，以法治港並以法打擊任何顛覆香港主權與治權的行為言論。這也是任何民主國家必做之事，不做不是叛國便是賣國。方法可以是按《基本法》第 23 條立法或循《基本法》的規定，把內地國家安全的法律在香港實施。

不立法解決這個問題，不單由反修例衍生出來的暴動難以抑止，香港今後的發展亦全受困於港獨的騷擾，動亂的威脅無時無刻地存在。香港回歸早應立法，不立法已屬過往的重大錯誤。在中美之爭演變成新冷戰，香港還未有國家安全的立法，不是誤國便是賣國。

國家安全立法後，便可大張旗鼓地以法懲治港獨言行，並在社會、學校大事宣傳，扭轉目前的歪風。

只要政府嚴格執法，無論香港內外各種勢力怎樣作亂，有法可依，嚴厲執法，便沒有制度與法治的空隙可讓他們鑽空子。堵死這條道路，各種人物便不敢輕易觸法。社會和學校的教育可重新建立愛國愛港、守法守紀的道德文化、社會規範。觸犯國家安全法者，便如黑社會分子一樣被法律趕盡殺絕，不容放肆。而少了國家安全的威脅，中美之爭中，美國便不能借港獨來作亂香港，製造長期的紛亂。或許政府與警察要分一點力來處理觸犯國家安全的案件，也在執法方面會有爭執，初期更會激起示威與暴動。但長痛不如短痛，反對國家安全是沒有法理道德的支持，外

國勢力亦難以干預。只要執法嚴厲、鎮壓暴動，不拖拖拉拉，香港社會的反對勢力也是無法可施的。這就把他們作亂的空間範圍大大壓縮，作亂的能量大減。而且，還可以借此機會重整社會及學校有關宣傳與教育，特別是教育下一代。

國家安全立法，謀的是長治久安，因此不應因眼前一些短期考慮而畏縮不前。

立法之後，辟除外力介入造成的港獨爭議，不接受者可移民外國或移民台灣，在法律的禁制下，在香港內部再不易有妄想。這樣撤除另有目的的政治化，香港便可上下一心，重建香港的社會經濟、政治與道德文化，利用大灣區、「一帶一路」的機會，在美國制裁之下闢出另一個更大的天地。

這應該是對香港有歸屬感，血肉相連的人的願望，而非那些為了別人教唆的政治概念，邪教思維便打砸燒者所願見。

（原刊於 2019 年 12 月 21 日）

時代反革命

　　時代革命，無論怎樣解說，總是不倫不類，反映出背後所謂運動、暴動的道理是生硬堆砌，胡亂製造出來。

　　時代革命被解釋為一個時代的革命，但這個時代是甚麼？單只是年青人，可真的是年青人全體造反，反抗所有非年青人的成年人嗎？是所謂世代的起義嗎？可惜，歷史上從來都沒有世代的革命，當然有年青人的起義，卻不全是年青人，也代表不了所有的年青人。

　　香港今次反修例引起的示威與暴動，一直以來都不僅只年青人參加，示威更有各個年齡層的人參與，而示威暴動背後策動者更絕對是中壯老年人，年青人只是走在前。但暴動一起，暴動的主力便是年青人，其中大部分是大學生中學生，大學畢業生和少數的社會青年，中學也不少是名校學生。以大學生和中學名校學生和校友為主，顯然參與暴動或革命的年青人不是香港社會基層年青人，而是屬於中產以及大學帶來的既得利益條件。他們以暴動達成的時代革命目標是甚麼呢？是所有年青人翻身？可惜他們從來不提基層年青人的苦況，也不說革命帶給基層年青人有甚麼改變，反而更多提的是他們大學畢業後買不了樓。追求的是不談經濟，甚或排斥經濟的抽象民主、普選、自由。或許正因為他們是社會裏的既得利益者，生活事實上並不憂愁，不用吃苦，才喊得出「攬炒」的口號。行動上以破壞社會經濟作為革命成就，實質上卻打擊的是社會就業基層的家庭，而不是他們的中產家庭和專業職業身份。他們口喊革命，也沒有放棄他們的既得利益，蒙着面打砸燒是怕暴露身份會喪失他們既得利益的職業和政府高額

補貼的大學學位及優越的名校學位。蒙面作惡之後,他們仍然安心享受高薪厚祿和政府資助的學位,還想繼續其既得利益。

革命不是推翻既得利益,而是傷害基層利益來擴大既得利益的民主與自由,實質是捍衛和爭取更多的既得利益,這是怎樣糊弄出來的革命?為了既得利益而革命,實際上是不義之戰,屬歷史上反動勢力的反革命、反改革性質的政治暴動。觀乎今次天主教基督教眾多勢力積極參與、直接介入,正證明這與歷史上以教會為主發動的反革命是一脈相承,香港還多了帝國主義殖民主義與外國宗教結合的因素。時代革命便實際上是逆時代潮流趨勢的反革命,不推翻既得利益,反成為捍衛既得利益的政治暴動。香港的地產霸權可在微笑。

(原刊於 2019 年 11 月 8 日)

賠償！

中大之戰、理大之戰都是以暴徒們的失敗告終，遺下的是中大理大設施的嚴重破壞，修復的費用當在千萬元以上，更不用說暴亂之時兩間大學損失的教研時間和其後大學聲譽的挫傷。

兩個戰役都有大批中大理大和外來中學生、社會青年被捕。即使捉不到所有參與暴亂、破壞的人，這些被捕者若被法庭證明有罪，便逃不掉損害破壞兩間大學財物的責任，連上走不掉的大學當局和兩間大學的學生會。在政府拘捕刑罰之餘，社會應對他們提出金錢賠償的要求。大學當局有責，因為校長等縱容窩藏罪犯，且不止於今天，幾年前佔中時期已經開始，而校長們（中大今任校長上任校長和理大上任校長）不是扮作無知視而不見，便是討好學生。結果這幾年的醞釀（實質是有人將大學生加以訓練洗腦作暴徒），形成今天的災難。大學校長及他們的高層管理人員說甚麼以學生為本，卻製造出這麼多，數以百計的暴徒大學生，不需負上任何責任嗎？

至少在修復大學損毀的設施時，政府應該不准大學動用來自政府的教育經費，大學應自籌經費來作修復，最好是有關的校長和高層們捐出他們一部分工資來支付修復。

兩間大學學生會都是打砸燒的主謀和執行者，學生會有獨立的財政，因此亦應拿出來支付修復，抵償部分他們造成的損害。大學亦應嚴格監管他們，不准用大學空間來從事暴亂和非法政治活動。事實上，兩間大學的學生會獲學生投票選舉有限，代表不了大學的全體學生，但挾持學生會作出非法暴亂的行為。其他學生應公開罷免他們，甚至循法律途徑控訴他們亂用學生會的名義

和資源。

被捕又證實有罪的中學生與社會青年，不可能單負刑責便可脫身。社會及大學應該起訴他們對大學公共資產的破壞，要求他們賠償。成年者由他們自己負責，未成年者由他們父母負責，因養不教是父母之責。這些父母實際上是放縱子女打砸燒，怎可以不承擔賠償。這些暴徒大學生、中學生和社會青年以被定罪的作為依據，全體一起分擔兩間大學毀壞的修復費用。無錢便破產，或以坐牢代替。這是冤有頭、債有主，香港社會便是這個主。

若能成立這樣的原則、標準，其他大學的破壞亦應按此原則來索取賠償。中資企業和其他商戶、商場亦可針對定罪的有關暴徒，要求賠償損失和修復費用。有法必依，有責必究，這才是法治。沒有這樣嚴格的法治，民主只是建立在浮沙之上。

（原刊於 2019 年 11 月 21 日）

民主

香港的政治發展要打破對民主的迷執。

一是民主是手段，不是目的。目的是經濟和社會發展，人民生活安定。

二是民主不是單單選舉，選舉會有錯，錯的是選錯人，選錯政策。選舉可反覆，但難免有折騰。選舉的本意是平衡，不是絕對服從而達致一時的多數暴政。民主的文化是尊重選擇，即尊重異己，不是打擊異己。因為有選擇，選舉的結果便不能把一切顛覆，而是留有餘地，讓選民可以其後再作不同的選擇。民主與選舉便是文化，要積累，有規範。

三是民主不是萬能，不能保證社會經濟發展，人民生活安定。民主只是組成政府，選定決策者，沒有任何制度可保證政府的治理與決策必然成功和合理有效。選舉可以換人換政府，換了之後也同樣沒法保證政策與政府表現會有改善，更有可能比前更糟糕。民主只是提供轉變的可能性，對轉變的結果沒法控制。

四是民主有可能演變至民粹主義，便是選民質素的最大公約數，且是劣質化的最大公約數。歷史經驗顯示，民粹主義容易孕育出政治的極端主義。納粹主義也正是循民主選舉產生，卻借民粹主義推展種族主義政治迫害與戰爭，用仇恨替代民主的文化。這樣民主的變化不能不防。

五是民主可以被收買的。一方面，選舉勞民傷財，需要大量的金錢支撐。各種資本便可乘虛而入，收買政黨、政治候選人和選民，左右選舉。另方面，科技和媒體的發展，輿論和真假新聞都可以由資本操作、製造，選舉的抉擇便可以任意被塑造。

抽象而言，民主可以十分理想完滿。一到具體落實，便出現眾多問題和弊端。因此，在現實政治裏，便出現各種不同的民主方式，用各種方法、制度設計來實踐民主，去其弊端，留其優點，可仍然沒法發展出一套放諸四海而皆準的樣板。英美民主形式之佔主導，主因是英美政治強勢的推行，也帶有它們的政治經濟的利益考慮，而非英美民主制度絕對優性，也不可能絕對地保證大多數人民可當家作主，生活安穩改善。發展中國家採取英美民主的多出動亂，能成功工業化的卻不採英美體制，更證明民主的無定論、定制。

　　香港在反修例動亂中，提出的是民主口號，卻實際出現民主的對立面的仇恨與暴虐、排斥攻擊異己，不惜傷人毀物謀取人命，「攬炒」從任何角度看都與民主無關，而是極端主義的破壞毀滅，與民主的建設發展，平衡包容主張勢不兩立。

（原刊於 2020 年 1 月 27 日）

醫療產業

香港正在尋找本地再工業化的途徑與戰略，今次新冠肺炎疫症正可帶來機會。

一是今天全球化的世界裏，一國之內城鄉融合，國際上國與國連接，一個地方因各種因素爆發疫症，很容易禍連國內外；且工業化與農業工業化的發展，造成廣泛的污染，包括生物污染，自然環境的演化受到干擾，新型病疫便層出不窮，因而防疫治疫會是世界長期的挑戰。中國人口密集，國內城鄉人流頻繁，國內外交通連接便捷，容易有內生或輸入疫症。近年國際歷次疫情，中國內地都很難倖免。此所以中央政府要把防疫治疫列入國家安全系列，全力對付，也如伊波拉疫情，中國要派出專家組治疫於國門外。於是，無論在全球或中國，生物安全與防治新型病疫，便成一等大事，香港也不例外。由此而產生的科研、實驗和防治的各個環節構成一個產業鏈，可以是香港重建工業的重要方向。

二是這樣的科研產業，既可協助香港在未來再有疫症時容易應對，也迎合國際未來的要求，助己助人。這樣的科研產業，需地不多，附加值高，知識密集，也會產生長遠利益的專利權。本身依靠知識積累和國際交流，也正符合香港國際自由城市人才與信息樞紐的優勢。

香港不可能重複信息產業，在 80 年代摩托羅拉晶片廠最終撤廠之後，香港已不可能與韓台內地在半導體發展上競爭。本地已全無基礎，要投資建設，千億美元亦不足夠，學習的時間頗長，基本上全無參與的機會。相反地，醫療技術方面，香港水平不低，龐大的公營病患人口更是重要科研試驗資源，問題只是統

籌協作不足，政府與社會投入缺乏，主要沒有重視醫療衛生的產業因素，從來沒有政策、規劃和建設。

三是香港醫療不成產業，屬歷史政策因素造成。但香港依傍內地，特別是大灣區的發展，正可把香港的醫療科研能力與資源和深圳、廣州等地結合起來或至少作為支援。廣州有兩個 P3 實驗室，也有眾多的國家實驗室，以及頗具競爭力的藥業企業，醫療科研生產已建成完整的價值鏈，香港發展醫療科研產業，大可借用。一方是內地、珠三角，另一方是國際的人才與信息資源，香港處於極其有利的地位來利用兩方優勢。

此外，今次疫情內地的經驗是醫療機構要應收盡收，香港醫療設施長年不足，在發展醫療科研產業的同時，必須大力擴展本地醫療設施，才可以醫療與科研兩不失。

（原刊於 2020 年 2 月 23 日）

反思《基本法》

今年是《基本法》頒佈 30 週年，也是回歸 22 年。「50 年不變」，差不多過了一半，適宜作總結檢討，應該如在中共發展史上多次力挽狂瀾的陳雲所說：不唯上，只唯實，認真反思。

《基本法》的「一國兩制」基本是成功的。

一是回歸順利，沒有波折；二是體現了毛澤東、周恩來在 1949 年訂定長期利用香港的戰略方針，在中國社會主義通往資本主義的連接留一窗口。

但是，回歸前後，過度吹捧「一國兩制」的歷史創舉，沒有檢討中外歷史都有一國或一地兩制的經驗，因此不能有所比較，擇優汰劣地把「一國兩制」具體落實。而過度強調兩制的差別，機械理解 50 年不變，雖然在中英談判中否決了英國提出的以主權換治權主張，卻在執行時不敢動英國人為回歸談判設置的殖民地制度和人事。香港一制近似殖民地在 1949 年前實行的一港兩制：在洋人的殖民地社會和制度之外是華人的另一制——自由進出香港卻令殖民地政府不承擔對他們的政府責任，只讓他們的經濟支撐殖民地的財政和政府運作。中央政府在回歸後對香港一制同樣地放任不管，只要對國內一制有所貢獻便安心。內地與香港的關係變成「天下熙熙皆為利來，天下攘攘皆為利往」。回歸的首十多二十年裏，香港變成內地貪官污吏、不法商人與名流精英把民脂民膏流往香港或經香港流往海外，使香港的合法轉口和服務業功能對內地得不償失，也敗壞了香港的民心。

2014 年佔中開始到 2019 年的反修例動亂，既涉及回歸前已開始積累的深層次結構矛盾，也包括外力借機煽動的政治問題，

從根本上質疑「一國兩制」政策的構思與執行是否存在缺憾。特別是當前中美矛盾加劇，美國開始用不同方法攻擊中國，香港「一國兩制」若有缺憾的話容易被美國利用。這使得香港「一國兩制」的執行便不單面對香港乃至國內的發展問題，而帶上國家安全的因素。

《基本法》作為憲法性質的法律，框架和原則沒有大的弱點，且又有中央政府詮釋和附加中央法則的機制，沒修改的必要，也要避色修改引發不必要的政治糾紛。但是，在反思執行出現的各種問題，政策上還是要有變動。

一是要保證中央政府的全面管治，不能容許特區政府借自治而放棄一國的底線。

二是香港一制需因時制宜不斷進行創新，保障民生、發展經濟、擴大實質民主，保衛國家安全。

三是兩制需要協同、連接，不能隔絕，以免脫節和不必要衝突。

（原刊於 2020 年 4 月 9 日）

大灣區

　　大灣區，香港不少人朗朗上口，卻弄不清大灣區的內容與意義。

　　大灣區是港澳加上珠三角 9 市。故此，香港在大灣區之內，不能說香港與大灣區怎樣。

　　大灣區的意義，一是發揮經濟的規模效益，合 11 市之力，希望產生出協調的高效益。二是把一國中兩制不同的地區合在一起，取長捨短，發揮兩制不同的作用和新的協同效益。這個「合」中帶有相互競爭，互相促進的因素。

　　很可惜，一些香港人排斥其他內地城市，以我獨尊，卻看不到香港在各方面的競爭力正在下降，守株待兔不可能是發展戰略。作為自由港，出入自由，香港是守不住的，若強硬守着現有的一切，反更增加現有一切的流失，把香港的優勢消除，只留下小地方狹窄文化的劣勢。

　　另一些人即使不閉關自守，知道珠三角 9 市的強大競爭力，不能視而不見。可是，他們只是想怎樣佔據珠三角市場，以補香港的不足和引內地資金及需求來港，讓他們在港多賺一筆。一沒有長期觀念，不懂深耕細作。二只知貿易，不知產業鏈的協作。三是看不到國內國外的轉變，原來的生產和商業模式在香港和珠三角都不可延續，要變也不是香港獨力可為。他們不願把大灣區視作有機的空間，可開發試驗新的生產與商業模式。合則變、變則通，理由是多元才可有所創新。「一國兩制」、大灣區 11 市不同的經濟社會文化與技術，正是制度與模式創新的大好條件。

　　在香港一般的研討會上，香港講者都是強調香港的優勢，甚

至說大灣區沒有香港不能發展。珠三角各市在過去二三十年的突飛猛進，只能證明香港與之合作俱勝。但深圳、廣州最近超越香港，也採不同於香港的模式，便可顯示出它們已超越香港。

香港講者所提的香港優勢只是幾十年重複的故舊例子，偏離現代經濟發展所賴的科技、基建和基礎產業。即使說香港有多少所名大學，卻不知道香港的名大學正在轉移到珠三角。珠三角的大學進步神速，而又與國際多方聯合辦學，建立分校。他們不知道單只深圳一市一年的科研經費已超越香港一年的科研加教育支出，香港科研佔 GDP 不足 1%，深圳早已是 4% 以上，在國際上與領先的以色列、南韓並列。香港的講者還是抱殘守缺，不知香港、不知大灣區、不知世界。作為世界城市的精英，如此思維，何其可悲，也正顯現出香港官民精英的無知。

香港能否在大灣區內有所作為，存疑！

（原刊於 2020 年 6 月 17 日）

國安法一出

　　《港區國安法》一出，港獨組織便崩析瓦解，附從者也作鳥獸散，餘下的只是無知的中學生和還想頑抗的少數，他們在試《港區國安法》的執法力量。只要警方堅持，並以違反國安法拘捕犯事者，叛逆分子只會找地方藏匿以至潛逃。其餘的散兵游勇盲闖一個便捉一個，或許不止三五天，不足一個月反國安法或各種反政府反中國的活動便會銷聲匿跡。一紙國安法便把從 2012 年反國教開始的反政府運動和暴動鎮壓下來，香港回復安穩。令人歎息的是，是甚麼導致這八年動亂愈演愈烈，把香港的價值、資產與形象肆意破壞。如今從頭修復，損失是多大？人心的破壞、社會的撕裂又豈是容易修補呢？上任警務處長盧偉聰與責無旁貸的特首林鄭月娥的罪孽是如何深重！

　　《港區國安法》出台只是建立一個新的法制法治基礎，效力如何決定於執行的力度。這便要看特區有關組織的能力如何，也有賴中央政府的監督指引。

　　第一步，當然是對付現時猖獗的港獨。從藏有港獨旗幟、標語，包括光復、革命和邪教的「天滅中共」口號，都觸犯國安法，需要刑拘治罪。這便可把社會上與網絡上的港獨活動全面鎮壓掉，還香港市面的平和安穩。示威遊行也不能作為港獨宣傳的掩護，一旦出現港獨象徵，示威遊行便變成與港獨合作，犯上國安法，參與者、組織者也便犯法，這樣誰還敢組織反政府的示威遊行呢？

　　第二步是追究有關涉及港獨的組織。從政黨開始，包括林林總總在近年出現的政治組織、地區組織，各類不同名目的組合，

以及大中學正式或非正式組織。香港不少的大學學生會支持、參與暴動、公開主張、宣傳港獨或類似言論，均應按國安法的標準審查，以及把主事者拘捕治罪。一直參與動亂的邪教，亦不可能逍遙法網之外。這應該是按國安法的標準來作全面的清理整頓。

第三步是中央、特區聯手，挖掘外國及境外勢力訓練、資助的有關在港組織和人士，對外國境外情治人員嚴加監視，以防本地人士與之勾結。

《港區國安法》已經不是太嚴厲。一是沒有追溯力，使一大批港獨分子和支持者可以脫罪。二是把主要的管轄權歸特區政府，讓頗有問題的特區司法制度負責審判，沿用英國的普通法案例，使判案的考慮根據和程序還是依英國而非中國，如重刑只是無期徒刑而非中國內地的死刑。

即使如此，國安法應足以震懾叛逆，保香港安穩，也拒敵於國門之外。

（原刊於 2020 年 7 月 2 日）

卡薩布蘭卡

《港區國安法》的最大作用，是迅即改變香港情治環境的生態。香港過往一直是國際情治人員活躍的地方，近似二次大戰時期北非的卡薩布蘭卡。在回歸之後，情況沒有太大的改善，主因香港一直沒有國安法，難以依法對付外國情治人員在港的活動。佔中至反修例動亂境外勢力積極介入，反映中國在香港的控制失效。《港區國安法》頒佈之後，情況便改變。外交人員依然享有豁免權，非外交人員及情治系統的在港線人（包括他們收買的港人），便要面對國安法法律懲治的威脅，他們便不能如以往那樣猖獗。最大打擊的應是美國，不單他們難以直接資助、培訓與指導香港的港獨分子，以往在香港收集中國內地情報的工作亦受影響。作為對華情報與政策分析中心的駐港總領事館，作用便大減，功能也不能為北京的駐華大使館所替代，或因此終結駐港總領事館近百年的作用。

美國以外，五眼聯盟中最活躍的英國和澳洲，在港的活動也應不得不收歛。

在過往顏色革命的地方，推動美國主導的暴動與革命，除美國及其盟友駐當地的大使館直接策動、指揮之外，走在前線的多是非政府組織，它們不少是西方大使館資助和組織的，也通過這些西方使節獲取西方機構的資助、培訓。這些西方機構，多種多類，也包括宗教團體，但很一致的是它們的經費來源包含重要的西方政府官方的撥款資助。在香港我們熟知的是美國國會與政府的民主基金資助。在香港以外，外國政府的資助途徑更是五花八門，總的是借非政府組織來掩蓋它們的政治性質。反修例動亂

中，我們也看到不少非政府組織，以及西方宗教團體的動作。《港區國安法》實施後，香港與內地駐港的國安機構相信會對非政府組織作審查，了解它們的政治性質與受外力滲透情況。

這不是甚麼政治審查，而是為國家安全在顏色革命失敗後作出清理，以防境外勢力再在香港搞事。

台灣民進黨政府警告避免在港轉機，這主要是關乎台灣情治人員和犯法者。香港再不是大開中門，任外部勢力任意作為，以香港作為基地攻擊與滲透內地。國安法的作用是建立銅牆鐵壁，拒敵於國門外。不過，這不會妨礙香港作為國家與外國進行外交等關係的秘密接觸、談判、協議之所。國安法對這樣的活動更多了保護，防止第三國刺探和破壞。

國安法是剷除殖民地時代留下的因素，香港真正回歸。

（原刊於 2020 年 7 月 5 日）

大學改革

香港高等教育本是推動香港社會經濟發展的動力。可是，一方面，近年社會動亂是以大學生為主要參與者，中大與理大出現佔領校園破壞和擾亂附近地區的交通。中大學生更高調自稱為暴動大學，港大、城大等一系列大學相繼淪陷。即使參與暴動的只佔大學生少數，卻佔據學生會、用學生會的名稱和資源來鬧事，其他學生亦明哲保身或近乎麻木不仁。這樣的大學生，出自香港的大學，香港的大學便難辭其咎，推脫不了責任。大學生可以離經背道，可不應參與暴動，主張叛國的獨立與自主。大學教育對他們起了甚麼作用呢？

另方面，香港的大學國際排名不差，但排名是按英美的標準與價值而定，有多少與香港乃至中國的本地發展相關呢？從課程來看，更基本上是抄襲英美一流大學的標準模式，但更有所偏向，例如香港學生修讀工商管理的佔了至少一半，而課程內容主要是英美教科書，英美的個案例子，且未必包括英美最新發展的變化與趨勢。香港只是在人家背後檢拾人家開始淘汰的牙慧。或許，在工商管理方面有不少論文著作，在別的科目亦一樣，反映在學術論文發表的數目增長。但學術論文有好有壞，不過是科研階段性的成果，且多以發表在英文學刊為尚，取向和考慮是依人家的標準，看不出香港應有的特殊性與差異性。香港的大學總體不過是目標作為英美大學的分校，甚或等而下之。

香港與新加坡相比，差距日大。一是新加坡堅持本地化和區域化，另一是新加坡的國際化（無論師資、學生）遠勝香港。此所以新加坡的大學的聲譽和國際地位迅猛上升。香港還是停留在

殖民地大學到美國大學分校過渡階段。大學並沒有對香港的發展多大貢獻，不少學生畢業之後學非所用或乾脆離港他去。尤其是對香港的轉型升級，克服當前發展瓶頸危機，幾無作用。

第二次回歸，香港不應再放任大學製造暴徒或形成港獨的基地，這是要在大學貫徹國安法的威嚇效果，定下底線，不讓港獨思潮毒害大學的獨立思考、批判性的認知能力，而也要重新給香港的大學，定位於香港、中國，擺脫英美新舊殖民地思想的桎梏。真正的放眼和投入轉變中的世界，與內地連接，達成積極進取，銳意創新的雙贏局面，而不是像一直以來扮演英美文化霸權的馬前卒。

大灣區是重要取向，但更重要的是「一帶一路」的戰略。

（原刊於 2020 年 10 月 6 日）

香港故事

　　香港歷史博物館要更新「香港故事」的展覽，這是好事。事實上，香港一直缺乏真實的歷史。英國殖民地虛構的香港小漁村的起始，抹煞了香港在割讓之前至少上千年與內地社會經濟緊密結合的歷史，這應該是時候撥亂反正了。香港的歷史，是香港社會和港人身份認同的最重要依據。這一二年港獨思潮一是排斥香港歷史；二是依殖民地時代的邏輯製造假的香港歷史，以此錯誤引導不讀歷史的年青一代。

　　中小學的常識或通識都有介紹新界的大家族，但只就香港在殖民地之後的領域範圍而言，沒有提及它們與廣州地區的農村社會的鄉約關係，香港的墟市與珠三角的墟市體系的緊密結合關係。新界大家族以外，有漁民村落，他們不只在香港水域捕魚，而是在整個珠江口及鄰近水域作業。明清幾百年裏，這個海域海盜猖獗，長洲和港島就有海盜張保仔的遺跡與傳說，這是香港歷史的重要一部。而東莞鹽場、大埔碗窰、屯門駐軍既反映在農耕以外，香港與內地的經濟關係，也顯示作為廣州外港門戶的香港政治軍事作用。

　　香港割讓，先是香港新界鄉民支持廣州三元里的農民打擊侵略英軍，後是 1899 年新界鄉民抗英的梅樹坑六日之戰，這些都是香港不能抹煞的歷史，更不能讓港獨分子隨意改變、解釋。

　　香港殖民地早期幾十年財政和貿易經濟都依賴販賣鴉片，出口內地、轉運海外，以及在港設鴉片專營。這段醜陋的歷史不能掩蓋，社會與學生知悉才可使他們明白英國侵略中國，佔領香港的源由動機。英美公司販運鴉片、滙豐等銀行貿易融資。香港作

為對華鴉片貿易的中樞，印度鴉片長驅而入，香港與內地的外國租界連成一手，編織深入內地的鴉片毒害的網絡，同時也轉口到海外華人社區。香港殖民地時代這個極不光彩歷史被政府掩蓋，回歸後政府也不清楚地教育學生與社會，只歌頌殖民地的建設，變成替英國殖民者塗金抹彩。事實上，殖民地時代哪來建設？麥理浩在 70 年代新政之前香港社會貪腐，基建落後。50 年代前國人自由出入和在香港居住工作，殖民地不作管制。但也不當華人為公民，公共服務匱乏，而麥理浩的新政不過是為談判不平等條約而設，香港鐵定回歸，新政便夭折。這正暴露英國在香港施政的虛偽。

香港故事可多談回歸，但歷史不擺正、不釐清，頌揚回歸亦不足以糾正社會的認識，建立認同的堅實基礎。

（原刊於 2020 年 10 月 25 日）

廢 BNO

　　由 BNO（英國國民（海外）護照）引發出來雙重國籍的爭議反映香港一些人佔便宜的政治心態。沒有人反對用任何理由去移民，這或算是個人選擇的自由。但是為甚麼移民了還要保留中國的國籍呢？若中國政府容許，可沒話說。中國政府從來都不承認雙重國籍，香港回歸前的協議是把 BNO 當作旅行證件，不代表國籍或居留權。這是權宜之策，也表達中央政府對香港歷史因素的一個特殊的照顧。可一旦 BNO 轉為國籍或居留權的法定文件，中國政府又怎可坐視英國單方面違反協議呢？在回歸之初，我們便對中央政府在談判和其後的特區政策過多保留殖民地因素不滿。當時的妥協，是過多地迷信香港殖民地體制，不明白這個體制的種種問題。在 20 多年後的今天，經歷佔中反修例暴動和美國策動的國際反華動作，以至疫情失誤，中國不可能不認識當時權宜之策的後遺症，在新的形勢下，也不可能把這權宜之策延續，甚或更加強。

　　國安法出台表明了中央政府認識到香港問題涉及國家安全，不能像做生意那樣讓利。

　　中國反制英國的違約便是取消 BNO 作為旅遊證件的功能，重申中國不容許雙重國籍。或許可以沒有追溯權，但只限於 BNO，不應包括雙重國籍，因為中國和特區政府從來沒承認雙重國籍，何來追溯因素。

　　中國與特區政府便應嚴格執法，定出法例，若持雙重國籍者，即同時擁有中國和特區護照者，加以判罰以嚇阻犯禁者，政府執法，沒收中國與特區護照。對中國國民如此，對外國國民亦

如此。

　　不過，這並不修改永久居留的制度，凡取得外國國籍後居港連續七年，當可獲香港永久居留權，外國國籍人士同例。這便是嚴正法治，排除違法。香港要嚴明法紀，才可保證法治，也使香港內外之各種人士都有法可依。這有助於香港發展國際人才中心的功能。港人已移民者便歸移民之國，在港居留、工作、升學便依香港法例作外籍人士執行。不能讓那些留港只是要佔香港便宜的人放肆，甚或非法地奪取投票權來左右香港的政局。對國家或社會忠誠決定一個人的價值與道德。任何取捨都有代價，個人決定要負上責任，不應瞞騙取巧，損害社會利益。香港要在新時代作為國際大都會應廣納人才，港人若缺歸屬感移民便請到新歸順的國家作貢獻。香港不能讓這些人無賴滯留，更造成近親繁衍的問題。內地進一步開放，香港亦更應打開大門，廣納天下賢才，吐舊納新，造就新氣象。

（原刊於 2021 年 1 月 17 日）

法制法治

要讓愛國者治港，最重要的是篩選人選，選舉制度只是其中一環。

選舉的篩選其實並不困難，只要依《基本法》作出具體的法律規定或行政規章並嚴格執行便可以，香港還有國安法作為保證。以往的問題是沒有具體的法律和章程規範，單靠選舉主任的裁決是不夠權威。但在法律和行政法規的條文規範下，加以國安法，只要政府嚴格依法執法，便不可能再有過往的混亂情況。權威在於法，不在於執行的行政機構，不用另行成立更高級別的機構來執行。

民主制度不可能完美，也不能絕對保證通過選舉或協商出來的政治人選不會出現問題。有人建議變更現有選舉制度為雙議席單票制，以為可提升選舉結果的可塑性，實際會弄巧反拙。現有制度，一是多議席比例選舉制，一是單議席制。前者是為保障社會上的弱勢社羣，讓少數利益也可得到政治代表。只要在候選人資格有嚴格政治審查，當可排除政治上不愛國的人混入，但不能把代表少數利益者列為激進者對立起來。這會出現以大凌少的政治劣政，也會助長大政黨與金權政治的過度發展，威脅社會公義。歐洲和日本普遍行多議席比例制，正是為了社會的包容和諧。英美實行的單議席制只是為了方便大黨執政，講求效率而犧牲社會的包容性與多元性。雙議席單票制則在兩者中間，表面上是折衷，實質取兩者之短，棄兩者之長。還是偏重於大政黨和背後的既得利益，容易引來金權政治。雙議席卻只單票，打擊擁有最多選民支持的政黨，卻保證第二大黨容易取第二議席。結果更

形成兩黨制卻難分高下。一是兩黨壟斷政治，或是兩黨相爭，立法難以有效運作。

選舉制在國際發展多年，正反經驗都極豐富。改制的目的是行穩致遠，是要政治有競爭有合作，既有保守，亦有進一步改革的能量，不能只為眼前問題隨便修改，弄巧成拙，破壞社會對選舉的信心。

另選舉後監督議員的組織，是重重設限，破壞民主選舉。一是這個監督組織是怎樣產生，為甚麼它比選民投票有更大的權威性和合法性？二是監督依據甚麼？若還是有關的法律規章，為甚麼不依法辦事？要用一個新組織凌駕原來執法機構呢？

香港的政策無論怎樣改，都不能為短期目的改變法治原則，中國的政治發展是建立和鞏固法制法治。「一國兩制」要求香港在一國框架下創新，以貢獻國家的發展。改革不能倒退，更不應打擊法制法治。

（原刊於 2021 年 3 月 4 日）

港新比較

香港要學新加坡並不容易，這是政治。

新加坡立國困難，周邊的馬來西亞與印尼並不友善，島內資源匱乏，只有人才。但人才中佔主要的華人還要與印度、馬來西亞等不同國籍、文化背景者合作。在東南亞，假若新加坡只重華人，形成華人壟斷的政權，必難久享。人民行動黨要打造新的新加坡認同和歸屬感，排除種族、宗教、語言的歧視。這等於建立一個新的國族、新的文化，工程艱巨。

而在這個過程中，經濟要發展，不能守株待兔，不能故步自封。新加坡不能倚靠原來的轉口貿易，面對馬來西亞與印尼的排斥與競爭，轉口貿易難以維持原來水平，便要有新的產業、新的經濟增長點。經濟不發展，政治難以穩定，新的多種族國家會隨時敗亡。

於是，新加坡要發展高新工業，引進外資，也要政府積極投入，建立相應基建和科研基礎。新加坡選擇以美元亞洲離岸市場來擴大金融市場，以國際化與區域化來推展金融服務的動力，趁其他國家還未意識到離岸金融市場的作用，新加坡便繼倫敦在 1958 年的美元歐洲離岸市場的發展，形成亞洲區的國際金融中心。在穩定腳步後，新加坡一早便重視中國內地的改革開放，投資內地，來伸延新加坡的產業鏈。且在香港大舉把加工貿易轉移至內地，產業空洞化之時，全力招攬內地及香港人才，用人才來推動經濟的升級發展。一是人口大增，由二百多萬增至五六百萬。二是經濟提升，人均 GDP 早趕過香港，GDP 的規模又趕上人口較大，且得中國因素之利的香港。亞洲四小龍，香港原來領

頭的地位，拱手讓於新加坡與南韓。

新港的差別，顯示出新加坡的發展戰略與制度優勝，背後還是人才。但新加坡的人才是政治人才，是人民行動黨用作政治團結、動員新加坡人民，包括新移民。新加坡是威權政治，但還有民主選舉制度，用選舉動員民眾，測試民眾對政府政策的反應。但威權政治決定於政治人才，否則便早成失敗的獨裁專制政權。這個政治人才是要政治培養、政治洗禮。但同時着重技術官僚能力、講求成績。一不是民粹主義；二不是官僚主義；三是開放的廣納百川，招納各方人才。

香港在回歸前是英國人直接統治，回歸後英國人培養的政務官系統基本不變，可卻成為政府的統治者。沒有政治，不懂政治，也不曉決策，缺乏執行時的上頭監督，依靠他們，香港便縱有各種中國優勢，也比不上新加坡了。

（原刊於 2021 年 3 月 14 日）

東南亞亂局

　　美國要抑制中國，衝擊東南亞和東盟，阻止各國在和平合作中崛起。中國是首當打擊，但日本已早受控制。日本被美國用貿易戰折騰到失落 20 多年的發展，韓國也面對美國資助的保守勢力阻撓朝鮮半島的和解。美國並借台獨對抗台海兩岸的談判和合作，東亞已經被美國衝擊到動盪不堪。日本首先投降，已無餘力與美國競爭。現在待東南亞開始發力增長之時，美國應插手製造紛亂。菲律賓親華，老撾與中國合作，柬埔寨亦然，馬來西亞也是與中國友好，印尼中立，美國只能拉攏的是越南和泰國緬甸。泰緬都是軍事政變，軍隊不賣美國的賬，反而與中國有合作餘地。對美國來說，一是東南亞可與中國合作，互補長短，美國無法介入與中國對抗。二是東南亞與中國協作分工，將成又一區域勢力，助長國際多元化，削弱美國的全球霸權勢力。所以美國會視 RCEP 為區域經濟的大挑戰，因這將可整合東亞，東南亞，形成中國與日本領導的大區域經濟區，超過歐盟，超過美國。

　　美國打擊中國第一步，更關鍵的是阻止中國與東亞、東南亞整合起來，對付中國之餘，應該也開始對付東南亞了。泰緬之亂，並不是用軍政府之故，如泰國，動亂早起，緬甸亦部署頗久，只是中老鐵路今年完工，泰國連接的鐵路動工興建，中國推動中緬經濟走廊，時機開始緊迫，美國便要借緬甸政變來動手。因此，這不會是突發事件，而會演變成長期的紛亂。敘利亞內戰把整個中東陷於長期戰亂之中，即使有全球最主要的石油與天然氣生產和儲存量，經濟反而折騰衰落。同樣地，委內瑞拉有全球最大的石油蘊藏，也以政治因由被美國制裁至半生不死。美國的戰

略是，若不歸附，把資源利益奉上，便被破壞，一拍兩散，不讓別人發展，可與美國競爭。這是嚴重的挑他主義。一如中世紀十字軍東征的劫掠，也如美國西部牛仔主義那樣以殺戮為主。相對而言，在美國霸權主義之前，英國及意大利北部城市的霸權還有虛偽的一面。

香港是東亞與東南亞的連接點。這兩個區域復興，應是香港有着最大的得益。地緣經濟優勢，在全球無可比擬。可惜，回歸之後，沒有去殖民地化，結果是埋首地產金融，不作投資，不作發展，失掉先機，而從反國教至反修例動亂則在破壞香港的穩定，阻礙香港發揮地緣戰略優勢。

現在中央平息香港亂局，可惜東南亞亂局初起，香港可怎樣反應呢？

（原刊於 2021 年 4 月 2 日）

國際課程

　　我在學校負責的兩個「一帶一路」碩士課程，今年又再招生。去年報讀的學生多選國際工商管理專業，報國際關係的少。可能他們以為國際工商管理相近 MBA，市場上較熱門，國際關係被視作冷門的政治科。可是今年報讀的國際關係者大增，或許是學生從課程內容簡介會，知道國際關係專業有頗多地緣政治部分，我們還有蘇聯東歐、中亞的專門課目，以及如石油政治一類的政治經濟學課題，不是一般大學政治科，講的都是英美的政治民主理論與理想，脫離現實。國際關係知識對商界極為重要，涉及投資與經商的政治風險。當前世界已不是英美教科書說的民主一體化，而是地緣因素，各種不同的宗教、文化、體制相互激盪衝突。不會是英美民主必勝，反而是民主化革命在眾多國家出現亂局，世局變化多元化也多樣化。我們教授的國際關係專業，便不是大國外交，而是從歷史、文化、體制的異同引致的大勢轉變，涉及的不單是政治，而是經濟、社會、文化各方都在內。我們標榜的是超越英美狹窄的單科專門化，跨越各科學問，綜合的知識，包括以史為鑒，在國家是明大勢起落，在個人或企業，則是知所進退。

　　我們教授的國際工商管理，也與一般英美式的 MBA 不同。不同在於不把英美制度和管理方法看作絕對或世界要奉行的標準。英國經濟已衰落，美國亦有諸多問題，它們的制度、實踐均不能視作典範。其他各國仿效英美者成功不多，對於不少國家來說，英美以外的例子更值得參考。不要說中國這幾十年，還有日本、德國，乃至韓國、以色列、愛爾蘭。他山之石可以攻玉，而

英美之石，未必有用，囫圇吞棗，結果傷身害己。

　　正因為世界是多元化、多樣化，不能用英美那套走天下，例如法律，不僅只有普通法與大陸法之別，它們中間還有不少變異，其他帶有更強宗教與文化的法律也在不少國家施行。貿易、經濟是超國界，但體制，包括法律，以至文化都有國界，入鄉要隨俗，不能再如帝國主義時代，把英美的制度、規矩、習慣強加於別國，時代轉變，這再也行不通的了。國際工商管理專業是把國際經貿的差異性教授給學生，既使他趨吉避凶，也可發掘出新的商機，在不同制度、文化、習慣和消費模式之間找出對沖機會，發展的空間遠大於局限於英美體制的學科。

　　國際關係專業是宏觀，國際工商管理屬微觀，學生可各自因材選擇。

（原刊於 2021 年 4 月 6 日）

二、家國觀

「一帶一路」

張德江委員長視察香港之後，香港各界似乎興起「一帶一路」戰略。反應最熱烈的當然是港商。港商組團至「一帶一路」國家尋找商機，舉辦論壇、研討會等。一時風起雲湧，其中當可發展出許多新的機會來。

在中學、大學，反應也不錯。學生往這些國家訪問，大學當局與這些國家的大學、科研機構聯繫交流，也陸續開展。一些有心的中學教師，且把教學與之結合。例如在暑假，在政府資助下，帶學生去拜訪碎葉城，看李白出生之地，把死板沉悶的中文中史教學活起來。絲綢之路是中國過往二三千年的中外交流歷史，中國文明的演變與之關係密切。把中文中史的教學與之結合，擺脫帝王將相，宮庭政變的框框，也可看到外來文化對中國音樂、藝術、文學的深遠影響。絲綢之路在近三四百年更集中於中國東南沿海，包括廣州，香港與澳門也脫離不了。若學校能好好將之納入教學和學生參觀的範圍之內，將可使教學變得更與香港本地歷史文化和未來發展結合起來，教學的效果更佳。

這幾個月的感覺看，對「一帶一路」戰略無動於心的相信是泛民議員、政黨、中高級公務員與特區政府的教育當局，其中最令人關注的應是教育局的官員。當然在特區政府上層的驅使下，教育局的資源轉向支持「一帶一路」戰略的參與，可卻是十分消極被動。本來教育先行，香港的情況卻是在官僚主導下，教育往往拖着社會的發展，成為最大保守思想的集中地。

或許，特區政府應提供課程培訓公務員，扭轉他們從殖民地時代殘留的錯誤思想。

（原刊於 2016 年 6 月 6 日）

中國的官僚

　　中國的官僚體制與官僚文化根深蒂固，比起法國和德國，影響更為深遠。當然官僚體制有其合理之處，是一個理性化的組織方法，便於上下縱橫結合，管理龐大的公共事務。像德國的，素以效率見稱；等而下之者，則官僚容易變成貪污的寡頭政治集團。中國歷史上從來都對官僚集團加以控制，所謂皇權與相權之爭。在西方近代史裏，更以政治所代表的社會既得利益來抗衡官僚所把持的國家機器，民主制度的演化便是為了制約專制主義的國家機器（Absolutism）。

　　中國共產黨革命成功之後，面對着歷朝的同樣問題——怎樣對社會與國家作有效的日常治理，卻要同時防範官僚主義和官僚集團，防止政權被政權的經理人所篡奪。此所以毛澤東對「死官僚主義分子」痛心疾首，也不惜政治成本來不停地對之清洗。四清、文革的更深層意義是共產黨政權與官僚之爭。毛也因此提幹部要「又紅又專」，到官僚失控時，不惜以紅來攻擊專。

　　中國的近代例子比較戲劇性，主因是毛的性格、能力和他對中國社會部分利益的號召力。在其他國家，包括西方民主國家，問題亦存在，例如歐盟，更有各成員國的政治與歐盟官僚體系之爭。

　　過去 20 年的大貪腐，是中國官僚與政權失去了控制，朋比為奸。習近平的反貪腐則是先在政權內集權，再清洗整頓官僚集團、官僚體系與文化。此與歷朝整頓吏治相同。

　　把中國問題放在歷史和中外經驗的範疇來看，可讓我們突破幼稚的政治化意識形態，看清楚問題，也容易對症下藥。

（原刊於 2016 年 8 月 6 日）

解決港獨的大戰略思維

港獨的問題，不單是香港的問題，更且涉及國家安全和中國發展的大戰略。

港獨源頭不在香港。香港的反共社會基礎只是提供港獨發展的條件與機會。源頭在外，證據是佔中的顏色革命、佔中、泛民、激進與本土派等的外來資金、港獨主張的學生、小青年的台灣受訓、海外關係等。外來的因素一如歷來各國的顏色革命，都不是為了當地的民主民生，否則的話，顏色革命後的國家不會像今天那樣民不聊生、社會動亂不止。不是心盲眼盲的人均可見到。

港獨外來源頭是服從大國角力的大戰略。此所以藏獨、疆獨、台獨從來都是外國扶植。藏獨、疆獨在中央政府強壓之下，起不了作用，而中央政府也從不放手。最近，中國特種部隊也應阿富汗政府之請出境剿疆獨。對付台獨，過往政策有所偏差。在陳水扁醜聞之後竟然讓蔡英文更新壯大民進黨和台獨。最近中央政府也從嚴從硬。

藏獨、疆獨、台獨都是美國圍堵中國的部署。早在 1949 年革命之前英國與日本已經這樣做。二次大戰後美國是繼承英日當年聯盟的策略。今天美國重返亞洲也便是加強圍堵復興的中國。港獨是美國最新的部署。

南海問題在中菲友好下而趨於解決，日韓卻對付不了北韓。東亞大國角力的關鍵是台灣。民進黨越是走上台獨，內地武力統一的呼聲越高。武力統一台灣，整個美國東亞攻勢便全面崩潰。統一台灣前後都要穩定香港，對付來自美國的壓力。解決港獨，便可全力建設香港，也可對付新加坡。這便是大戰略裏的重要一步。

（原刊於 2016 年 10 月 24 日）

文化中國

最近，台灣傳媒的民意調查，受訪人認同自己為中國人的比例上升至 52%，扭轉了民進黨贏得總統選舉的台獨聲勢。認同的理由是血緣、文化，二者事實上都連接起來。這個理由與一般市場或北京台灣政策主政者所認為的經濟與利益因素屬南轅北轍，或許間接證明北京兩岸政策過往的收買方法是怎樣的錯誤。收買了商人和政治投機者，卻掉了大多數民眾的心。最後，台灣人民若逐步歸心的，不是金錢利益，而是千百年積累下來的血脈與文化。希望這個調查結果可弄醒一度利祿昏心的兩岸決策者。

習近平提出的「一帶一路」戰略，根源在歷史與文化，不是國內外輿論所吹噓的投資、貿易。歷史文化是本，投資貿易是末，不能倒末為本，甚至把本都推翻掉。中國一些官員與國營企業的人員在海外土豪式的言行，不僅暴露他們本身的淺薄、醜陋，反禍延國家民族在世界上的形象和人家給予中國的信任感。20 世紀下半期是醜陋的美國人（不能在 21 世紀變成醜陋的中國人）。習近平強調的絲路精神、絲路文化，若舉國上下能落實執行，回歸到中國及國際最優良的文化體系，當可抑制一些人劣根性或陋習的對外輸出，也可反過來推動中國內地以至港澳台，從 20 年的大貪腐、排斥道德與文化的困局中擺脫出來，重建盛唐文化，開創千年的中華文明，而不是康乾之後的崩析瓦解，連國家民族的自尊心也丟失了，禍延至今天。

文化要溯本追源，也要排除各種封建思想的扭曲干擾。「一帶一路」戰略要建的是文化中國、文化世界。

（原刊於 2016 年 11 月 15 日）

還歷史的真相

文化中國，不是四書五經、帝皇將相，而是回到歷史的實況，撥開雲霧，看個清楚。這個清楚，是以人為本、是千萬老百姓幾千年創造積累出來的。

首先要打破儒家製造出來的道統和由此而生的夷夏之別。具體而言，要認清史馬遷、董仲舒的中華文化，只是封建皇朝把統治方法合法化而作出來的意識形態。始皇帝以前，中國是千國萬邦，不過是虛君共和，且商是東夷、周是西戎，中國一直都是夷族戎族蠻族共處，黃帝炎帝都是不同族類。即使統一天下的秦國，也是從西陲入中原。稍懂一點歷史、多看一點甲骨金文以及地下考古，當可明白。而在秦漢之後，中國也從來不是大一統，漢末唐末是分裂為主，宋也從來困守一地，蒙元是北來，滿清是東來。文明演進是多元為主，不是聽皇帝來復假古。唐朝文化是胡漢交流，唐的樂與舞遠勝漢朝的士大夫禮樂，樂來自龜茲、舞受中亞粟特文化所改變，連生活方式的精神與物質都帶着極濃厚的胡的因素。宋雖小，卻海外交流鼎盛，此所以中國技術文明在宋達到高峰，相反地明是最封建落後。逆反蒙元開創的大世界格局，由皇族官僚、離地地主把持的政權在世界大貿易潮流中，壓制東南海上貿易，也打擊求變的東林、復社。結果要讓東北來的滿清替中國重新出發。可惜滿清在穩定社會經濟發展之外，亦禁制文化的多元化，趨向於閉關自守，抑壓中國東南沿海與東、西洋的大貿易和經濟整合，國民黨也敗在道統。

絲路精神、絲路文化是還歷史真相。

（原刊於 2016 年 11 月 16 日）

看不起窮國

在檳城開會討論「一帶一路」戰略與東南亞。海外了解中國戰略者不多，當地學者多從歷史陳述中國與東南亞的關係。內地學者參加的不少，對東南亞的語言文化掌握頗深。不過個別學者的言論卻令我擔心。有學者說中國與緬甸在「一帶一路」戰略上的關係，是中國錦上添花，對緬甸是雪中送炭。粗看帶有中國章回小說的口吻言詞。

對中國而言，錦上添花之說全無戰略眼光。中緬石油天然氣管道可運輸佔中國 20% 天然氣、10% 石油的進口比例，可謂不小。而中緬鐵路若建成所帶動的由雲南出海口的西南大通道，影響更大，特別是避開馬六甲海峽戰略意義重大。雪中送炭卻是大國施捨小國的心態。若依此種心態，中國對巴基斯坦、對中亞、西亞、非洲乃至東歐，均屬雪中送炭。而雪中送炭是助人助己，不是施捨。緬甸發展，其他發展中國家發展，是克服國際經濟受發達國家壟斷的結構不平衡，也為了人類社會發展的公平公義。對中國可減少對發達國家的依賴和由此帶來政治經濟社會文化的負面因素，更開拓市場，使中國製造業為主的經濟可持續擴張，並以此造就本國的人民生活改善、知識積累增長。

說錦上添花、雪中送炭的學者不會重視中國與緬甸的戰略關係，也不會努力在緬甸打開局面。同樣的心態若應用於東南亞貧窮的國家，如老撾、柬埔寨、乃至越南，「一帶一路」戰略在東南亞便絕對難以開展。習近平提出的絲路精神、共商共建共享，便被偏見毀滅。

（原刊於 2017 年 3 月 31 日）

國際仲裁中心

香港要作為「一帶一路」國家的國際仲裁中心，並不是單靠現時的普通法法制和現有英美體系的法律人才便足夠。

「一帶一路」國家的法律體制是以大陸法為主，它們的語言文化亦與英語體系不相同。我們不能期望它們一如中國內地以前那樣，全面靠攏英語文化和普通法法律。香港要與它們的政府和企業發展仲裁服務，需要有足夠的人才能熟悉當地不同的語言文化、法律、制度等等。要香港在短時間內便可培養教育出這樣的知識與人才並不容易。

甚至香港連上內地亦不易在現時的基礎與條件發展出足夠的服務能力。近年香港有不少俄語人才來自俄羅斯地區，反映出面向前蘇聯和東歐國家的跨國專業服務機構的需求。或許，香港的法律人才可以與內地人才一起協助內地企業到「一帶一路」國家的投資和貿易項目。但始終缺乏對當地語言文化制度法律的足夠認識。

香港的做法，似乎應該是建立平台，在制度等方面配合，讓這些國家的法律和相關人才與企業參加在港的國際仲裁服務，與香港本地人才和跨國企業合作配合，從而可在很短的時間建立起國際仲裁服務的能力。而在相關服務中也涉及眾多知識性的專業和人才，香港應該開門辦國際仲裁中心。

今年中國為上海合作組織的主席國，或許可以建議該組織把香港定為各成員國接受的國際仲裁中心，以相對中立和國際化的角色來替全球四成人口的企業和政府作仲裁。

（原刊於 2017 年 7 月 7 日）

中國的根本轉變

中國的經濟正在開始根本性的大轉變。這主要是習近平領導下的政治選擇，而不是甚麼經濟或政治規律引致。

習的選擇是中國不單單服務並依附發達國家的體系。一是中國不集中加工貿易，也不在國內勞動力成本上升後，像日本等那樣把勞動密集生產工序轉移至較落後的發展中國家。在發達國家的跨國企業剝削中國企業，中國便轉出外再剝削其他發展中國家的勞工。形成由中心—次中心—邊陲的資本控制和剝削體系。二是中國的「一帶一路」建設是投資在跨國公司不投資的國家，以當地經濟發展為目標的投資，而不是仿效跨國企業掠奪資源的利潤掛帥投資。習近平扭轉過往的錯誤資本做法，以交通運輸、電力能源的基建來改變這些窮國的面貌。不是少數企業、少數國家先富起來，而是大多數國家通過本土工業化一起富。三是由外而內，中國在國內經濟去槓桿化，反金融化，實實在在地繼續推動科技與產業化，不走荷蘭、英國、美國、日本的非工業化、金融化，極少數人主宰國家與世界經濟的道路。

僅此幾年，這樣的戰略初見成效。中國經濟轉型換代並向外擴張，形成新一輪工業發展的動力。壓抑房地產、金融投機與資本非法外逃，建立在反貪腐的扎實基礎上，經濟增長回升，資金效益提升，人民幣匯率由弱轉強，外貿順差擴大，只要中央政府繼續在實質經濟，推動國內與國外的大良性循環，中國的復興便有了鞏固的基礎。

這樣的經濟實質便是政治，中國和世界大多數人民的政治。

（原刊於 2017 年 7 月 24 日）

中國改變世界

習近平在十九大報告裏提出中共要作為一個學習的黨，中國要成為學習的國家、創新的國家，反映中央領導層銳意改革和發展。

這個改革和發展不是所謂現代化的，把中國的制度和發展機制與模式抄襲歐美教科書的說法。一如蘇聯瓦解時哈佛大學教授吹噓的震盪療法，或過去幾十年世界銀行、國際貨幣基金組織與美國財政部一起推動的華盛頓共識。習近平提出的新時代中國式社會主義是中國自身走出的道路。過往是中國趕上超過英國美國，現在的新時代是中國已完成趕超，在許多發展方面創造出新的方法、新的措施。特別是在科研方面，中國不把資金放在金融房地產裏，塘水滾塘魚那樣製造泡沫，把錢集中於社會絕少數人的手裏，而是大幅投入，全面的將之商業化，變為實質經濟新的組成部分。例如中國推動第五代移動通信技術，實現物聯網，把生產與生活全然聯網，高度的相通，從根本改變生產與生活的模式。

又如新能源汽車的發展，中國會走先其他發達國家一步，也會是把最新技術引進推廣，作為全球最大的汽車市場一下子地踏進電動車的階段，絕對會改變全球汽車電動車發展的步伐與模式，超越美歐日韓現時主宰的局面，也同時衝擊石油工業、改變汽車產生廢氣污染的問題。

又如中國將完成海上核電力發電設備。一是核電站的小型化；二是核電站的可移動性。不單鞏固了中國在南中國海三沙羣島的主權，也可以成為許多國家能源供應的新方法。中國是說和做一起改變世界！

（原刊於 2017 年 11 月 7 日）

中國穩定西疆

　　中國的外交與軍事政策在習近平領導下變得積極進取，背後的意念是不相信可與美國合作來維持中國的國家安全。中國不願繼續當年美國炸中國駐南斯拉夫大使館的屈辱，便只能自強不息。南海建島以穩定中國南部、鎮壓台灣，劍指日本是巨大的戰略舉措。在西方，中國要防止美國的混合戰爭驅使疆獨進侵，便要守衛於國門之外，也不單只有上海合作組織的中俄合作，還更進一步在 2016 年建立中國與阿富汗、巴基斯坦和塔吉克斯坦的四方合作與協調機制。中國與塔共同巡邏邊境，以此防止伊斯蘭國借在阿北部發展而伸延入中國南疆。

　　中國與阿富汗邊境的瓦罕走廊屬阿國的巴達叢尚省，交通缺乏。現時主要的交通通道是從塔吉克斯坦帕米爾高原上中國援建的公路，連接中國南疆的喀什。為了防止伊斯蘭國勢力入侵，背後當然是美國在敍利亞敗後企圖禍水東引，中國積極與阿富汗合作，據說已協議在瓦罕走廊建立軍事基地，並訓練阿富汗政府軍隊。

　　王毅外長最近並建議把阿富汗納入中巴經濟走廊計劃之內。中國會積極援助，推動當地經濟發展。中國已開始進行塔吉克斯坦邊境 Sher Khan Bandar 至阿富汗西部大城市赫拉特鐵道的可行性研究並準備興建。而去年從南通和義烏已有中亞貨運班列經烏茲別克斯坦通阿富汗的 Hariatan 再到馬扎里沙里夫市。中國積極推動中阿經濟，再加上電站投資，正是軍事與外交經貿全方位推展。若中亞與阿富汗和平，中國西疆便穩定了。

（原刊於 2018 年 1 月 27 日）

知識與文化

　　香港是中國最國際化的城市，也是全球金融中心，資訊流通自由。因此，在中國以國際化推動國內發展上升之際，香港好應在國際化方面對國家的發展作出貢獻。這也可使本身轉型升級，從當前困境拔脫出來。

　　香港的國際化不是單單吃喝玩樂到海外旅遊。而應是着重知識與文化。知識是了解本身的優劣、發展需求，知道外界的變化，且是結合古今、排除迷障、深入認真地用知識改變思想。當前「一帶一路」戰略推展正是把幾百年來對中國和國際歷史和發展經驗的誤解打破。中華文明從來都是中外交流演變而來，世界是連成一體。歐美殖民主義、帝國主義所扭曲的歷史現實正在被重新糾正過來。例如鄭和是中亞絲路古城的貴族，下西洋靠的是阿拉伯航海技術。即使歐洲抄襲的青花瓷，也有波斯和伊斯蘭教的根源。葡萄牙人開始的航海大發現是歷史假局，卻引來對其他民族的滅絕和奴隸制。因此非洲不是黑暗大陸，美洲的文明更比西歐久遠。也因此今天世界不是帝國主義主張的文明衝突，而是絲路的文明連接、共同演化。

　　香港也屬海上絲路的部分，是內地、南洋連接的節點。香港從來不是英國人所說小漁村式的遺世獨立。

　　把知識重新更正，便可見到中華文明的包容性，也可看到廣州千年商都的開放與國際化。香港承接的嶺南文化，以至近百年的中西文化滙合，便絕對是包容的，此所以有容乃大。香港才可以從殖民地的貪腐演變成今天的國際大都會。

（原刊於 2018 年 2 月 23 日）

大夢要醒

香港對粵港澳大灣區發展最大的認知錯誤是以為一切依舊，珠三角還是港商加工貿易為主的時代，香港還可以在金融服務物流方面分一杯羹。甚至有些人以為，任你廣州深圳怎樣發展，香港還是有着巨大的制度優勢。大灣區的發展是學香港，要打開對香港的邊界，讓香港繼續享受超國民待遇。但當然不讓內地人來香港，以此來保持香港制度的純淨性。

這樣的認知包含了眾多的錯誤，最關鍵的是無知，不知己也不知彼，更不知香港的今天是幾十年的演化轉變而來，靠眾多新移民努力打拚創造出來，不是英國人恩賜或施捨得來的。

而香港不可能閉關自守，以為守着英國人遺下的制度便可自保。單以深圳廣州經濟發展規模超越香港便可看到此消彼長的變化。香港勝於台獨的台灣，因為有內地資金、企業、人才進入。政府保守卻沒台灣台獨政策的破壞，但香港社會貧富懸殊、中產下流化、青年發展會減少，已構成了警號。

市場上是水向下流，人往高處。深圳廣州的收入、生活條件和個人發展機會已開始超越香港，香港的人才會流往當地，一如全國包括上海北京的人才流往廣深。海外的人才亦集聚當地，產生出更大的協同和網絡效益。香港守不住人才，怎樣求發展呢？佔中除了外國介入外還反映本地的問題，政府與社會怎可以不改現狀，不求發展便諸事大吉？

香港是否回復到 50 年代前的落後情況，這些人才會大夢初覺呢？

（原刊於 2018 年 5 月 28 日）

中國大有希望

中國對美國政策開始清晰了。

中國不爭霸，但在美國發動新冷戰底下，不會再韜光養晦，像過往美國炸中國駐南斯拉夫大使館，美機侵佔南海領空那樣屈辱忍讓。美國優先實際是美國霸權，中國不能不堅持國家與人民的利益，寸步不讓，且從戰略上，不單以戰止戰，更是以攻為守，作長遠的部署。

特朗普的貿易戰開始時打亂了中國的思維與步伐，主要是估計不到特朗普採取的措施，還以為美國政府會依照原來建制那樣逐步經營對華政策，因不明白而出現了混亂。但幾個月下來，特別是北韓金正恩與美的談判，俄羅斯在中東與美的爭鬥，與及美國在伊朗政策上的逆轉，應該足以使中國領導層撥開特朗普製造出來的混亂迷霧，看清形勢，重新認定中國應對的策略，確定中共十九大以來的重大戰略部署。

人民幣匯率的逆周期操作，再不緊張與美開展貿易談判，都可看到中央領導層堅定信心，穩住步伐，開始有節有理地應對，且借此機會檢討反省原來的政策與制度措施。網貸平台的崩潰，部分企業的倒閉，乃至針對影視界高薪逃稅的整頓，正是在外來壓力底下，使內地浮誇、欺騙的泡沫因素得以清理。對美政策更可重新檢視到美國留學，乃至去美國等的投資移民、內地資金外流的現象，清洗積累下來政策與制度的浮污，認真認識國家民族的利益，與民族、文化自信的關鍵。

中央領導層只要守住內地的金融穩定，不受美國欺騙過度開放金融體系。在當前美國的攻擊，美國製造的危機中，是進可

攻，退可守，立於不敗之地。克服這次危機，中國的發展更大有
希望。

（原刊於 2018 年 8 月 31 日）

新兩岸關係的重點

　　台灣六合一選舉之後，兩岸關係應有所變動。即使蔡英文的台獨舉措變本加厲，捨棄兩年後的總統選舉。地方上卻還有在兩岸交往方面大有文章可做，以高雄與新北市為首，國民黨主政的縣市，均可公開堅持「九二共識」，以此作為地方政策和兩岸關係的重新起點。當然最好借選舉後的新形勢和國民黨在台北選舉的大票數來迫使台北市政府從偏綠轉為偏藍，乃至與高雄和新北市在個別兩岸政策上合作。整體策略是以地方主動的兩岸政策來對抗蔡英文的台獨傾向，對之牽制，也作出示範性的對比。

　　兩岸關係在地方上重推，重心不應在內地旅客來台旅遊，這屬低層次的交往交流。對台灣產生的經濟附加值不高，也容易產生消極作用，關鍵的措施是貿易與人員交流。

　　一是內地可重啟與高雄、新北市等國民黨掌控的縣市的地方貿易，以地產物品服務為主，更應主要是農產品，避免大企業壟斷，也使貿易的好處分散到千家萬戶。二是內地大學及科研機構與這些縣市對口相關機構掛鈎，推動人才人員合作交流。為免受攔阻，內地縣市可與台灣國民黨主政的縣市設立人才交流培訓制度，由政府或財團出錢，資助兩地互換的實習、培訓，把統戰從對台商或政治人物轉移為科技工程人員和大中學生。改變以往統戰的失誤，建立兩岸人才和新生代互知互信的基礎，也是幫助台灣這些縣市提升人才質素和市場視野，致力本地發展。

　　在後者，香港應有所參與，有所貢獻，恢復台港歷史上的緊密關係。

（原刊於 2018 年 12 月 3 日）

香港與大灣區整合

香港回歸，本來是一個大好的機遇。可惜，政治計算出了問題，掌握不了香港的治權，政策又有偏差，結果造就了少數人的暴發。表面上，香港樓價飛升，有樓者便成富豪。但大多數自住者，高樓價只是紙面富貴，不能出售便不能套現，大地產商及更少數在樓市投資者才獲暴利。社會與經濟變成兩極分化，資金從實質經濟流入金融，更多的流出香港之外。

中央政府之資助香港，一是反成外流資金，內地資金大規模經香港流失。二是旅遊收入，也僅只維持中下層居民的就業與收入，穩住社會，卻推動不了香港的發展。

粵港澳大灣區發展規劃是一個政策上大轉變，不再放任香港的既得利益者賺取暴利卻抗拒發展。目的是借廣州、深圳經濟的升級轉型來帶動香港重啟發展之路。但在現有的政務官治港和地主經濟體制下，香港可以不動手術而變嗎？

禁港獨有助於抑壓香港社會不合理的政治化（實質是去中國化），社會開始接受發展的需要，卻還有不少錯誤思想影響。大灣區發展規劃是對症下藥，可當香港社會不理解底下，怎樣把大灣區發展規劃帶來的機遇與競爭壓力說清楚，不單是一個信息或教育的問題，更是政治問題，不是政府用淺薄的公關宣傳便可應付。

大灣區，不單廣州、深圳，即使中山、佛山、珠海等亦銳意發展，大量投資新技術，引進高新人才。這幾年產業的面貌已在轉變，今後的轉變應該更大。香港的優勢將會是怎樣與之結合，共創雙贏。這需要實實在在的下工夫，政府與社會齊心齊力。

（原刊於 2019 年 1 月 10 日）

不能讓消費主義發展下去

中國經濟擴張，過往是粗放，追求數量，追求 GDP；背後是無序的生產能力擴張和其後的房地產膨脹起來，推動的力量是社會與政府不停地宣傳的消費主義。從根本而言，均是從美國抄襲回來的暴發戶式的生產、建設與消費，明顯的結果是沒限制的耗用資源和生產條件。美國佔用世界大多數的能源和原材料，按人均比例計算，美國的方式擴及別國將會使地球的資源衰竭破產。而對美國人而言，是普遍的體重超高，病患纏身。在公共醫療變成保險底下，富人可醫，窮人醫不起，加劇社會的貧富懸殊，也造就許多健康質素低下，壽命短促。

在中國經濟旺盛之時，社會與媒體都只強調擴張，沒有對美國暴發戶模式有多少檢討。內地官員不少說我們有錢，有錢便可以解決所有問題。即使中央政府從胡錦濤時代便已推行可持續發展的理念與方式，領導層以外，特別是地方政府，跟從者有限。因此神州大地出現不少鬼城，假藥假奶粉假疫苗氾濫，食物安全淪陷。或許中國現時的情況與美國 20 世紀初的情況相近，因共產黨之故，少了黑幫橫行，但貪腐也只是近年才受到抑制。暴發戶的思想、行為與政府施政方式依然到處都是。

美國的消費主義是全球生態惡化的主兇，美國 3 億人如此，若加上中國 14 億的消費主義，便是全球的危機。

中國現時經濟增長回落，一是結構調整是好事；二是也應借機檢討、批評從美國資本主義而來的消費主義。

（原刊於 2019 年 1 月 30 日）

逢九大事

歷史是十分有趣。從人民中國建立開始，逢九的大事變化足可看到世局的更替。

1949 年是中國共產黨的革命成功，歷經日本侵略和美國援助的內戰，從農村開始顛覆了整個體制，可卻與歷代農民起義不同，也把中國歷史的發展從近一二世紀的谷底脫拔出來。

1959 年是毛澤東以政治動員來進行經濟建設，敗於幻想和官僚主義之手，本想替代陳雲的市場化改革，卻帶來人為災荒，還是要回歸到陳雲的市場化改革。

1969 年是毛以政治動員來清理官僚主義，敗於政治失控。紅衛兵被迫上山下鄉，中央支左部隊實行軍管。軍管失敗，陷入發展的路線之爭，最終消除四人幫和政治化經濟發展的戰略。

1979 年是陳雲的市場化經濟改革再開始，卻受鄧小平發動的對越戰爭所衝擊。在外交上終結中國的獨立，開始向美國傾斜。

1989 年六四風波始自民眾對鄧小平趙紫陽家族帶頭的貪腐和通脹的反抗，卻演化為美國趁機推動顏色革命的動亂。鄧小平的強制免除了中國走上蘇聯東歐崩潰之途。但 1992 年南巡，中國全面學美國，陳雲的市場化改革被埋沒。

1999 年中國已認定再沒有世界大戰，國防消減。美國卻炸中國駐南斯拉夫大使館，測試中國的底線。中國一方軟弱，另一方開始思考重整軍備的重要性。

2009 年是金融海嘯，也是中國重新思考國際經濟發展與中國對策的時候。4 萬億元的經濟刺激反映過往依賴美國為主的加工貿易體制的發展道路再走不下去，中國要另辟蹊徑，自尋出

路。金融泡沫穿破也突出了中國貪腐造成的龐大資金外流美國的危機。習近平代表着紅二代的登台，開始反思 40 年改革開放，並與共產黨的革命與社會主義建設連繫起來，而不是像鄧小平時代那樣把中共歷史否定。

2019 年中美矛盾全面暴露，中國不可能依靠美國的庇護，全面的美國化而達致中華民族的復興。全面美國化不可行，美國也不會善待中國。中國不過是美國利用來對付蘇聯、壓抑日本，中國一強大便引起美國的恐懼。和平演變需時過久，也因習近平上台而不易推行。2019 年便是美國回復 70 年代之前那樣，全面攻擊、壓抑、制裁中國。中國的領導層與民眾怎樣取捨呢？

中美貿易談判是試金石，也一如 1999 年美國炸中國駐南斯拉夫大使館那樣。

(原刊於 2019 年 3 月 14 日)

灣區香港化？

內地一些學者一直迷信香港的制度。可是，對香港的制度可能不太了解，而是從政治出發，當以前有個別領導人說要在內地造幾個香港，他們便以此根據，不加分辨地要求把香港的制度移植至內地。

典型的例子是，在今天討論大灣區的發展，有人提出讓灣區香港化，而不是把香港、澳門內地化。這樣的說法，明顯地與「一國兩制」相抵觸。

「一國兩制」即使是過渡的體制，也不應是一制吞併另一制。後者的這個過渡便排除了原來有關兩制互動、互相創新的設想。變成了兩制並存只是政治權宜，也忽視了兩制各有長處，互可補短的現實。香港一些人當然高興，因為依這樣的說法，香港可在本地排除內地，也可把香港的制度擴展及內地的灣區，制度的地域擴展可帶來香港既得利益的不少好處，如香港法律、會計、工程等專業服務業。

這位講者所說的灣區香港化着重國際化、法制化、市場化，實質囊括香港的所有制度。便不是以往內地改革開放中參考香港（或外國）個別法規、制度措施，而變成是全盤的香港化；也即是至少在內地的灣區會全盤否定內地一制的制度，要以香港的一制來替代。這是一個重大的政治主張。相對以往所謂在內地造幾個香港，只是複製香港的經濟成功，也主要是自由貿易港。灣區香港化，不再局限於個別制度、措施，也不考慮引進香港制度措施與內地制度的衝突，而是簡單又粗暴地把內地制度取消，換上香港制度。

這樣否定內地制度，盲目迷信香港制度可能便不是政治上的權宜做法，而是包含着更深的意識形態因素。

香港的制度屬英國體制，但因殖民地因素，英國體制的移植並不完全，也相對落後。國際上英國體制以外，還有不少不同的體制，英國體制是否勝於其他體制呢？證諸二次大戰後英國的衰落，英國體制的優越性便備受質疑。香港現時制度勝於英國嗎？回歸後香港的法制是英國普通法，案例依靠英國普通法的國家，司法制度便包含了很重要的英國因素，普通法並不優勝於歐洲的大陸法，但香港司法對英國普通法案例的依賴，若引用至灣區，便形成英國司法進入內地的一個缺口。灣區香港化若在法律方面不是全盤接受，內地法律、判案與香港，乃至英國體制的衝突怎樣解決呢？

制度的移植或仿效是極其複雜的問題，牽涉廣大，也觸及政治，包括主權與治權的問題，不是隨口胡說討好便可以。灣區香港化是怎樣的「一國兩制」呢？

（原刊於 2019 年 4 月 4 日）

六四洗腦

1989 年的學生運動導致的「六四事件」，首先是反貪污的示威遊行，針對的對象是鄧小平家族和趙紫陽，起因是上一年的物價改革帶來的通貨膨脹。但是演變成為學生在天安門廣場的絕食與靜坐示威。一是主其事的是北大學生王丹，但開會主持者是胡耀邦舊部、以職業革命家自命的王軍濤。二是中央決策猶豫，反映內部的分歧與鬥爭，不盡因「四五民運」的因素，應包括趙紫陽早在上年被內定下台以對經濟失誤負責，由此而引致中央人事變動的爭執。三是學生示威曠日持久，吸引眾多外省學生入京參與，也在北京市內多處出現動亂。更值得注意的是為時正值美國借改革策動蘇聯領導層的分裂，而後來成為美國顏色革命之父者亦在廣場出現，迅即被遞解出境。

若認真辨明與分析整個過程當會發覺整個事件雖然不按預先的計劃（如王軍濤、王丹帶領北大學生所作）進行，卻是錯綜複雜，並不是單純的學生示威。香港資金援助學生維持示威下去，以至後來香港的黑社會參與運送示威領袖外逃國外，證明示威便有外力干預。而在示威期間，中央多個派別與學生接觸，更突顯出政治派系競爭的因素。

天安門廣場沒有示威者被鎮壓死亡，已是鐵一般事實。不是當年程翔在《文匯報》聽從不明身份的學生述說，便作出的未經證實的報導便可掩蓋，這個事實已被海外的報導所證明。天安門廣場外軍民皆有死傷，動亂的性質是全面失控，只有最後中央政府戒嚴才可控制，回復政治與社會穩定。在當年 9 月之後，涉案被捕者，除犯刑事案外，政治犯皆從輕處理。反革命事件更改

稱為風波，正可反映出中央政府在清理內部鬥爭、穩定社會局面後，明智地處理整個事件。風波當然包括動亂，但卻不是反革命的政治，性質大異。

香港參與天安門廣場示威，包括送錢和直接介入組織與工作，且要盲目掩飾柴玲等企圖挾錢外逃惡行，已經不是單單聲援學生示威那樣簡單。猶幸除了與黑社會合作運送部分示威領袖外逃外，香港並沒有繼續介入內地的政治。支聯會也僅只以按年示威遊行便敷衍了事，只把紀念六四變成支聯會成員在港參加選舉的政治本錢。

不過，支聯會的私心卻把六四真相埋沒，扭曲成為「中共屠殺人民」的口號。年復年的宣傳，再加上支聯會裏的教師在課堂上的講授，變成了積年累月對社會，特別是年青人的洗腦。反共反中屬個人選擇，但歪曲事實，對年青人洗腦，卻是極端的無恥。

（原刊於 2019 年 6 月 4 日）

文化復興

美國攻擊中國是立體戰爭的方式，除了沒有正式開戰，只用戰機戰艦進逼威脅外，其他任何可想像的方法都用上。其中最佔優勢的是輿論戰，也是和平演變中國的一個重要組成。

美國佔優是它努力了近百年，拉攏收編了中國各個領域眾多的精英，還有是它佔着西方文化二三百年在全球帶領文化潮流的優勢。美國化並不等於西方化，西方還有英、法、德國，以至其他歐洲國家、歐洲文化的差別。二次大戰後初期，美國被譏諷為醜陋的美國人，主要是歐洲人看不起美國人暴發戶。歐洲不如中國，未有大一統的文明整合，區域分別巨大。

美國代表西方文明，只是騙中國不懂西方具體歷史、也不願學習的所謂精英罷。但美國代表的資本主義的市場推銷，是騙得就騙，只是中國內地（也如不少其他國家）的精英笨或是精英不笨，不過是與美國人一起騙國人而已。

於是，因為以前西方比東方有錢，西方文明便被證明比東方文明先進，現代化便是東方拜倒在西方之下，改為信奉西方文明文化。美國代表西方，中國和東方的膜拜對象便是美國。美國先進，中國落後，中國要發展，要進步便只能學美國，學美國代表的普世價值。

因此，自五四胡適之流開始，不懂西方而要中國全盤西化。即使今天，中國革命成功、中國復興在望，還是有眾多的精英言必稱美國，行必往美國，寧做美國人而拋掉中國的國籍。也於是，我們見到大中小學的教育裏，各種網絡和傳統媒體，都充塞着美國精神、美國的普世價值和美國歪曲出來的美國歷史、文

化和制度。在香港我們說的是英國的話語，至少因為其中不少有英美外籍，有英國等的居留權，他們效忠的對象已不是香港。在內地，不少官媒的新聞報導和節目的思維取向，也多是依傍美國的普世價值，甚或抄錄下來美國提倡的話語與思維，或許內地官媒等沒有這麼多人拿了美籍、綠卡，但仰慕美國，力爭移民美國不在少數。這樣的媒體怎樣可以在美國策動的輿論戰為國家鬥爭呢？

今次的疫情和特朗普上台後對華的政策，應該使世界看清楚美國的制度、價值和政治的本質是怎樣。內地一些公共知識分子突然醒覺，倒戈相向，是好的發展，但卻不足夠，一如香港這麼多年大中學生受到荼毒，內地教育裏的美國化傷害尤為深遠。

中國的復興，不能只是經濟增長，更關鍵的是文化復興。

（原刊於 2020 年 4 月 22 日）

培訓「一帶一路」人才

一年多的努力，兩個「一帶一路」碩士課程終於獲政府批准，可以招收今年 9 月的學生。

在退休之後還要費力籌辦碩士課程，主因是「一帶一路」的發展已成世界發展的主流，尤其新冠肺炎疫情之後，美國體制與美國的實力再不足維持其全球霸權。世界在中國的復興下進入多極的體系，也正是幾千年歷史的絲綢之路的體系，由英美體制轉入全球化多極體制。對中國內地、香港，乃至東南亞，將帶來巨大的機遇，任何領域都會引起結構性的轉變。

很遺憾地，香港乃至眾多國家的有關學術研究，一是不承認絲綢之路對世界文明與歷史發展的重要性，研究不多，偏於考古文物。二是以英美等西方強權國家的偏頗觀扭曲歷史，貶低亞洲等國家的歷史發展，用殖民主義、帝國主義的現代化概念來抹煞歐亞非等國在歷史上的相互交流、合作和競合之中的創新。後果便是所有國家的發展都只能循英美制定下來的發展道路，現代化變成西化，西化變成英美化，且是英美指定的從屬依附關係的範疇，不能逾越。歷史和人類發展便套在強權主宰的框框內。

學術與歷史不應由政治決定。西化的國際關係、國際經貿、國際歷史都是概念化、簡單化，單線發展，不理會各國的特殊因素，也不承認它們創新變革的多元化可能。甚至在研究中把不少的國家、區域拋棄，視作不存在，或只是強權發展的一些不重要枝節。學術與歷史便變成標準化，並用這個標準框框來否定這些國家不同的創新與發展。中國提出「一帶一路」倡議，實際承接了歐亞一些國家與國際組織二三十年的努力。中國復興本身是打

破強權規定的常規，絲綢之路的恢復發展，更是打破二三百年的世界秩序與格局，意義重大。

在香港、內地，乃至其他國家，還未有嚴謹的課程重整絲綢之路的歷史變化和今後發展的趨勢。香港假若能率先成立這樣的多科際的碩士課程，意義不僅在於培養人才，更可以推動社會對「一帶一路」國家的巨變，增加認識和推動調研，轉變社會的思維。對正處於轉型期的香港、大灣區，以至內地都可以是關鍵。

香港缺乏懂「一帶一路」的人才，但正因香港的國際地位，可在國際上招攬專家來授課。第一年除邀請香港在海外的教授外，還與基輔大學合作，借用他們在前蘇聯東歐久負盛名的學者參與，提供與英美標準化的不同視野。

珠海學院作為私校辦這樣課程，更具靈活性。

（原刊於 2020 年 6 月 3 日）

反對浪費

習近平說，要堅決制止餐飲浪費行為，堅決抵制享樂主義和奢靡之風，厲行節約、反對浪費，這些主張都是中國傳統的勤儉節約。在進入小康社會之時，還不忘民族的優秀傳統，反對消費主義的奢華浪費，這是中國的社會主義因素在起作用。

從西方的歷史來看，社會主義是從資本主義的失敗產生出來，目的是要糾正資本主義對社會造成的傷害。事實上，在上世紀 30 年代資本主義引發的經濟衰退後，資本主義為了生存已吸收了眾多的社會主義因素，轉型為福利資本主義。其後二次大戰後的發展，更見到社會主義與共產主義的主要始源地的德國，更積極推行社會資本主義，比起今天美國一些地方提倡的民主社會主義更多近似社會主義。而其制度優勢也使德國從戰敗國復甦，統一之後更帶領歐盟，在工業生產和社會穩定與發展方面，領先資本主義國家。

社會主義是來自資本主義，或許可說是資本主義的修改、升級版，不需把資本主義全部革除，擇善保留。不過，資本主義的中心原則是利潤的最大化，卻使資本與社會大多數人的利益對立，不將之壓抑，便只產生經濟大衰退，而不會是社會整體的福利。追逐利潤依賴全面的商品化，任何東西都有價格，都可借以牟取利潤，於是商品化把百物的本質抽掉，只剩利潤的數字。為求商品化，便引來大眾生產、大眾消費，只有人們不停地消費，便有生產的需求，便有利潤產生。以美國為例，過度消費未必帶來生活質素的改善，而是像過度的飲食，帶來體重超重和由此叢生的百病。疾病需要治療、醫藥，醫藥的生產和消費，與飲食的

消費構成龐大的經濟，製造出巨大的利潤，且在飲食消費中引發各種商品化食品的過度生產。利潤驅動，並沒有帶來人們和社會的生活質素和可持續發展，而是破壞。

中國改革開放在飲食方面有兩大惡劣趨勢。一是從美國引進的消費主義，在食物方面拋棄傳統的習慣，走上多肉多奶多脂肪的暴發戶消費，基本上是西方社會中下層的垃圾飲食模式。不明白也學習不了，西方社會上層着重的地中海菜餚模式。二是從封建時代官宦地主的奢華飲食，排場面、充闊綽，飲食變成炫耀，失去食物的本質。這兩個趨勢結合，稱之為向美式文明學習，實質像歷史上農民起義當權時的放縱淫慾。這也與過去 20 多年大貪腐互為底裏。

習近平的要求是中國社會回歸理智。

（原刊於 2020 年 8 月 18 日）

台灣武統

據台灣媒體報道，國民黨在立法院的黨團會提出公決案，全面避戰，但卻是盡快促成台美復交和美軍協防台海，實行親美抗陸政策。

國民黨雖經 70 多年的外逐在台，卻沒有作出反省，還是如蔣介石時代的國民黨，先是親日，繼而親美，總的是趨炎附勢，沒有民族大義，也不辨世界大勢。

國民黨在馬英九之後，已淪落成附庸民進黨的反對黨，沒有與民進黨的台灣和去中國化可相競爭的台灣發展戰略與道路。今次更去「九二共識」，親美反陸，以為親美拉美軍來台聯防便可抗拒北京的統一攻勢，事實卻可能得到相反的結果。民進黨與國民黨朝野一致，在中美新冷戰中站在美國一方，對付中國內地，顯然是敵我不分，投靠美國，出賣中國的領土與人民。台灣政治已全面背叛，北京還可守株待兔，等待他們轉變嗎？這個時候不加快統一的進程，是否真的等待台美建交，不得不出兵呢？北京統戰台灣幾十年，花了不少公帑，得出的結果卻是連國民黨也跟着民進黨走。所謂「統派」聲色俱滅，整個統戰的戰略、佈置可能便要全盤調整了。

不過，台灣的形勢也並不絕望。據台灣民調，過半數以上的受訪者反對戰爭，不管他們台獨親美，綠的或藍的，都不願戰爭。

台灣媒體和國民黨黨團都以為親美，把美軍拉進來，北京便不敢動武統一。可惜，實際是弄巧反拙。依靠美軍防衛，人民卻大多不願戰爭，單有美軍，沒有民眾，怎樣把台灣抵抗北京的武力統一？北京一旦武統，民進黨高層會雞飛狗跳，國民黨黨團也

會一樣，留下的軍隊與民眾會抵抗嗎？說北京不敢與美開戰，倒不如說美軍不敢與北京開戰。美軍不是台獨的鋼鐵長城，戰事一起，可能便退避三舍，哪會堅守台灣？

台灣民眾只是因政府和政黨與媒體誤導，看不清北京統一的能力與決心。但避戰之心，人人皆有，只要北京切實地展露武統行動，台灣民心必變，拋棄民進黨與國民黨，自發與北京談判。台灣不用刀兵之苦，便會對北京投降。

從國民黨的演變看，台灣和平統一的機會渺茫。曠日持久下去，台灣社會與政治全面變色。以其地緣政治地位，親美獨立便構成對內地最大的軍事威脅，除非中國也甘心屈服美國，放棄中國復興大業，否則的話，怎會坐視不理呢？

台灣避戰，只能兩岸和好，互相合作，從合作中找出雙贏協同卻又不需體制單一化。親美不會避戰，僅會引起戰禍。

（原刊於 2020 年 9 月 30 日）

螞蟻金融

螞蟻集團上市暫停，反映着內地金融政策的重大分歧。

一方面，資本集團把金融科技創新與金融的基本監管原則分開，把金融科技創新單純視作技術因素，不考慮其中會否放大了金融的風險，也包含了對市場的迷信，以為科技手段沒減輕時間和操作的成本，市場便發揮完美的調節作用。

另方面，政府監管部門和相關人士的看法，始終堅持科技創新不可能改變金融的性質和由此產生的風險管理問題。資金配置的效率因科技而提升，卻不等於資金配置優化，也不會讓市場完美。金融運作愈是無縫快捷，風險問題反而會加大，更難監控，且蔓延全個體系，救市更難。中國內地早一段的政策，為應對美國的制裁，加大開放，即使金融方面也減少管制範圍和力度。究竟這是否可解決美國獨裁帶來的困難，還在未知之數。中國可以公開放寬制度和程序的監管，卻加強跨境資金的流動管理，實質是放入不放出。問題倒不大，但要小心資本會借漏洞投機和逃逸。中國今次並沒有被美國迫使開放，而是自願開放，當然背後還是親美的金融主張。可怕的是美元在政經和疫情打擊之下大跌，中國開放金融，初始時可能吸納熱錢，其後便容易被美國轉嫁金融危機或牽連受到打擊，變成自招災端。

中央政府的共識是當前為百年未遇的變局，不能依太平盛世讓美國來的教科書操縱政策。中國要看、要想、要反思，要有新的理念，以建立新的發展格局，特別是最為關鍵的金融更應慎思慎行。過往中央政府的去槓桿化，頗有成效，但螞蟻的貸款方式卻可能擺脫政府對金融機構如銀行等的監管，借科技之名，借科

技之力，大幅提升融資的槓桿化，擴大系統性風險。

　　馬雲批銀行是當舖金融，要害攻擊之處是抵押和資本充足率。雖是小額貸款，但化整為零，聚沙成堆，與銀行等合作，會在經濟裏覆蓋廣大，形成壟斷之勢。實際上螞蟻的小貸利息不低，壟斷之勢是集中存款，集中貸款。一是壟斷之後貸款利息會增抑或減？二是存款會否挪用作別的貸款用途。三是存貸利息若倒掛，機構怎樣承擔風險，有多少本身資本可供應付風險呢？近年網上借貸平台屢出醜聞，便是監管不力、制度力量薄弱。螞蟻的借貸性質同屬一類，只是科技手段先進，表現在規模差別，但不是風險減少。大數據豈是風險管理的法寶，可將之替代抵押和資本充足率的傳統工具？

（原刊於 2020 年 11 月 7 日）

世界夢

2021 年是中國新發展階段。

對中國整體而言，2020 年不單只是百年發展達致小康社會，恢復中國的盛世。更重要的是，中美貿易戰揭露出美國以華為敵，展開新冷戰，打破了改革開放以來對美國的迷信，堅定了1949 年革命的初心。中國要走自己的道路，復興中華。新冠大疫更證明中國選擇的道路正確，上下一心舉國體制使中國在世紀大疫的全球傷痛中最先克服，在制度和政策上把歐美的資本主義體制比下去。不僅中國的率先恢復正常經濟和社會，帶來了在國際經貿中特殊的優勢，佔據市場的同時亦支援全球，更向全球示範中國經驗。或許因此招惹了美國為首的種族主義的攻擊，但中國的經驗會更大範圍地給世界提供美國資本主義發展外的選擇。與美國模式的對比，扭轉了舊冷戰結束後的一元化世界的發展。中國的示範是建設、包容和愈來愈可持續。相反地，美國的模式是戰爭、掠奪、欺凌與破壞，中國便代表了和平、合作和多元化。對比美國的動亂，單邊主義與強迫的一元化，正是 2020 年在疫症與中美衝突中顯示出中美的差別，更增強中國的信心，去美國化，走人類命運共同體的道路。或許中國的經驗和道路還是在摸索、在發展當中，但中國政府追求新的發展理念，新的發展道路，不僅代表中國追求，也代表世界在重重戰爭與危機中找尋出路。2021 年開始，中國擺脫了 1840 年以來的恥辱、衰落，挺起胸膛滿懷信心地參與全球治理。中國已完成國家的修補，有餘力帶着理想去與各國一起進行世界的修補。

修補是撥亂反正，是除惡務盡，是把歐美殖民主義、帝國主

義在過去幾百年對世界的劫掠，損害、破壞從根本上修補。一是不能再容許殖民主義、帝國主義施虐。二是不能放任殖民主義、帝國主義在全球製造毒害性的文化、歪曲歷史、歪曲科學，製造愚昧和無良的瘋狂。三是中國作為百多年的受害者，要與其他受害的國家民族，以及殖民主義、帝國主義國家內的受害者一起修補世界。中國不稱霸，追求的是人類命運共同體的福祉。全球化發展已把所有國家綑綁起來，氣候、環保、公共衛生安全和核武威脅等都可以把地球和人類毀滅，沒有一個國家可獨善其身。中國好的前提是世界好，沒有世界的和平和把破壞修補，哪來中國的復興。中國夢一定要連上世界夢。

香港作為中國不可分割的部分，香港夢只能是中國夢、世界夢。

（原刊於 2021 年 1 月 2 日）

重看新疆

近日備課，要講「一帶一路」的歷史與文化課題，多看了新疆的歷史地理。

河西走廊是中國與歐亞大陸西部的主要連接，由於出河西走廊再走天山南路，經喀什（或稱疏勒）便可越蔥嶺（今天的帕米爾高原）到肥沃的費爾幹納河谷，再向南可往印度，西行沿兩河流域的綠洲城市：安延集、塔什幹、撒馬爾罕、布哈拉、希瓦等，一路西行，經今天的阿富汗，可到波斯，更可分別至東歐、中東，乃至埃及。由於沿途歷史文明深厚，驛道或駱駝之路因政府建設而打通，二三千年來都是歐亞交通的主道，勝於黑海、裏海北的大草原的通道。不單絲綢等物資貿易暢通，文化交流更盛。

新疆是中國在本部統一後才向外擴展，但相對於華夏的富裕，西域只是中原皇朝防衛北疆的重點，或許可說是長城以外的防線。漢唐經營都頗吃力，但不能放棄，特別是秦漢以來東西貿易興旺，助就了天山南北路的綠洲城市以貿易和水利建立繁榮的城邦，中國掌控不了，便成遊牧民族壯大實力的基地，一旦壯大便東侵華夏中原，匈奴與突厥是一例子。不過，帕米爾高原亦可作屏障。波斯帝國、馬其頓的亞歷山大帝國等都東擴至費爾幹納為止。阿拉伯的帝國在公元 751 年於塔坦斯打敗唐朝軍隊，遏止了唐所代表的華夏帝國向西擴張之途，亦沒有再東進。歐亞大帝國從西進侵中國的，只有明代的帖木真，但征戰未成已死。元蒙的成功也不是經喀什、河西走廊而來，主要還是循匈奴開拓的南下途徑而來。清朝之征準噶爾蒙古，一是防止它的東侵，二是防禦其背後的沙俄帝國。成立新疆，一如西南地區的改土歸流，直

接管治，目的為鞏固邊疆。

當歐美列強改從海路擴張，新疆便成內陸，特別是俄羅斯帝國變成蘇聯，中國基本上沒有了北顧之憂。個別時期的衝突，對中國的威脅不如海路。但新世紀的形勢轉變，英美帝國衰落，冷戰結束，歐亞連接成為新的發展機會。新疆便一下子變成中國新的對外經貿的樞紐，更重要的是新疆周邊地區各國發展，中亞各國再不受帝國的束縛，新疆便借中國內地的既有發展，大有成為中亞中心的趨勢，尤其是喀什，連接塔吉克斯坦、吉爾吉斯坦、烏茲別克斯坦、巴基斯坦、阿富汗，正重新發揮其優越的戰略地理作用。歷史上絲綢之路經南疆、喀什出中亞、南亞，勝於北疆。只要中亞休戰發展，今後一二十年或是歷史的重現。

（原刊於 2021 年 2 月 1 日）

三、世界觀

伊朗棄美元

　　美國 12 月中的加息救不了美元，主因是美國本身經濟不佳，強美元帶來的金融泡沫維持不了。美國的經濟與分配政策是損實質經濟來使金融利益得益，1% 人得益，99% 人受損。因此，社會上的就業、消費與投資便只跌不增。靠金融泡沫支撐的經濟增長沒有實質內容，終歸下跌。而強美元打擊其他國家的貨幣，美國企業卻靠國際收益來支撐，結果便害人終害己。美國企業收益不佳，股市泡沫進一步與油價下跌一起穿破。基本因素不利，美國金融市場再沒法吸引海外資金。

　　於是，中國與俄羅斯資金等早已逐步撤出美國，歐洲與日本的資金也開始回流本土。日元與歐元升漲便是明證。加息支撐不了強美元，加上總統選舉競賽中，右派與左派候選人取得優勢，現行強美元政策便左右受攻擊。若共和黨與民主黨候選人最終是代表右派與左派，下一屆美國政府再推行強美元政策的機會大減。

　　但是，當前對美元最大的打擊是伊朗。伊朗已宣佈油氣買賣將會只收歐元，不收美元，連積壓未取的油款也改收歐元。單放在印度的便已是相等 65 億美元。其餘的加起來相信在 1 000 億美元之數。更重要的是，伊朗不用石油美元，俄羅斯已不用。在其他方面，新興國家的去美元化正在推行，這將會大大壓縮美元在國際上的使用，大量美元便只能回流美國，美元也只會進一步受壓貶值。

　　伊朗此舉一如法國在 1965 年打擊美元的黃金本位制。伊拉克棄用石油美元改石油歐元便有美國入侵。這次，美國對伊朗卻是無可奈何了。

（原刊於 2016 年 2 月 14 日）

強美元終結

強美元體制似乎正處於逆轉的階段。這不是美國金融資本與政府不欲強美元，而是為勢所迫，無法不轉向。

美國強美元的目的是吸納海外資金，支撐美國經濟，用強美元壓商品價、壓其他國家貨幣。可惜，美國經濟已空洞化，靠能源金融和企業海外收益支持。增發的貨幣也變成金融市場炒作的資金，實質經濟吸引不到資金、投資與消費雙頹。壓能源價變成打擊國內頁岩油及其金融投機，強美元打擊新興市場國家經濟，也返過來挫傷美國企業的海外收益。結果是美國經濟沒法提升。

一季度美國經濟增長只有 0.5%，遠低於歐盟的 1.6%、中國的 6.7%。頁岩油的金融泡沫還有進一步穿破崩潰的危機。強美元害人，利己卻不足，在國內壓力，特別是大選臨近，美國不得不改採弱美元政策，以冀推高商品價，復振新興市場經濟，來穩定國內金融與經濟。弱美元會使外資不流入，美國便要在軍事政治上製造地區緊張，來維持海外及國內資金為避風險而留在美國境內。

假若中國與俄羅斯、伊朗或再加上印度、沙特阿拉伯，應該可以維持中東中亞的穩定，並在南海與波羅的海驅趕美國的軍事侵犯。歐盟難得復甦，必然支持中東和平，也會抗拒北約在美國控制下在烏克蘭製造事端。現時國際已變成美國（或日本）與差不多全球大多數國家對抗。經歷 2013 年以來政治與金融的大變動，美國已失去人心，弄得不好，日本也會背棄轉與中國和解。

在這個大局中，中國是穩定因素。人民幣不貶來讓其他國家紓困，「一帶一路」戰略投資更可促非美元化。

（原刊於 2016 年 5 月 6 日）

俄羅斯的文化

我在俄羅斯南部城市 Krasnodar，從酒店乘車往機場。俄羅斯習慣，任何私人汽車都可作出租之用。我住的小酒店叫的車是私人所有，香港稱之為「白牌」。酒店告訴我的車資是 345 盧布，到機場時，我袋中只有一張 500 盧布，司機卻沒有零錢找換，結果他只取了我所有零錢，大約 250 盧布便算，且態度誠懇有禮，令我感覺到大有君子國之風。

這樣的例子，相信不可能在香港或內地，以至台灣碰到。中國人的司機多會取走我的 500 盧布鈔票，讓我承受損失，而不會開開心心，沒有怨恨地接受損失。

這幾年在俄羅斯跑，我感覺到當地人民的社會文化素質頗佳，沒有像中國內地的農民和商家那樣貪婪和沒文化，社會治安也十分好，我不懂俄語，卻到處有人幫忙。在火車站的服務員不會笑臉迎人，卻在有困難時盡力協助，不怕麻煩地把我送上月台，找到車卡。或許，我所見所經歷的並不全面，但是感覺良好，有點類似在 70 年代初到內地的感覺，且更有過之而無不及。差別是俄羅斯人的反應是以平等的態度，不是把我當作是高高在上的外國人那樣看待。這反映出他們的自信心，而自信心應該來自對本國文化和對民族國家的自信。

在俄羅斯航空班機上的娛樂節目，我看到目錄上有眾多經典俄羅斯電影，包括 1925 年的《波坦金戰艦》和我喜歡的《莫斯科不相信眼淚》（1979 年拍的）。在中國內地航空公司的航班，也包括台灣、香港的，都不可能有中國本身的經典電影。航空公司與觀眾對經典的態度很不相同。

（原刊於 2016 年 5 月 10 日）

英國脫歐

英國脫歐，美國在二次大戰後建立的世界霸權正在崩析瓦解。

英國脫歐，蘇格蘭必獨立，北愛爾蘭亦會回歸愛爾蘭，英國的政治社會經濟將會嚴重分裂。這樣大大縮小的英國，怎樣支撐現時的軍事力量，又怎樣可借力歐盟來補足本國已失去發展動力的經濟與社會呢？也怎樣可以幫美國牽制德法的歐盟呢？

美國不願歐盟強大。早在 1992 年讓索羅斯攻擊英鎊，阻止英國加入歐元區。美國也通過「北大西洋公約」駐軍歐洲，廣設基地，並以北約名義進侵阿富汗等，也以導彈設置來壓迫俄羅斯。美國要求的是控制把持歐盟，但經歐債危機、烏克蘭危機與難民問題，美歐（德法為主）矛盾已日益惡化。英國脫歐，歐盟便進入德法完全主導的階段，美國怎樣介入操控呢？

俄羅斯已與德國共建天然氣輸歐的體系，削弱反俄最強烈的波蘭、烏克蘭和波羅的海國家的戰略地位。中國習近平主席訪問波蘭和塞爾維亞，更鞏固東南歐最反俄與最親中國家的勢力。

歐盟擺脫英干擾，烏克蘭的和議會加快進行，中國也可借烏克蘭爭取為陸上絲綢之路樞紐而給德法多一點助力。

英國脫歐引發歐洲極右派聲勢大漲。歐盟必然會下定決心加快解決難民問題。從根源方面會與俄羅斯、伊朗和中國聯手打敗伊斯蘭國，推進敍利亞和議。從治標而言，多會與東歐南歐各國堵塞難民入歐。德國若政策轉向，土耳其及東南歐各國必然全力堵截。各國設關卡，把難民遣返，寧資助在原來國家安置。

英國脫歐迫使德法下決心。

（原刊於 2016 年 6 月 26 日）

中國美國的對比

歷史上創建出思想的主要地方是中國、波斯（包括其後與阿拉伯結合，中國稱之為回回的）和歐洲。當然並不是其他地方的文明沒有輝煌的思想發展，只是如美洲的印加、瑪雅等文化，孤懸海外，沒有像中國、波斯、歐洲通過絲綢之路，幾千年來相互交流、衝擊、共生發展。

相對來說，即使美國在 20 世紀稱霸，由於歷史淺薄，靠奴隸與戰爭起家，也一直是暴發戶的心態、思想發展主要依靠歐洲。但往往從歐洲吸收後卻將之庸俗化、功利化。猶幸美歐關係良好，才可不斷從歐洲吸收優異的文化思想。

近二三十年，美國的文化衰落更甚，小布殊的極右派政權是最典型例子。民主黨總統候選人競爭中，從美國最社會主義的佛蒙特州出了桑德斯，或許便是美國社會中有思想文化的部分的政治反抗。可惜功敗垂成，輸給了代表寡頭金融集團的希拉里。假若結果是共和黨的特朗普當上總統，美國沒文化、沒思想的一面便主宰美國政治與政府。這絕對是美國人民的不幸、世界之不幸。

世界已經連在一起，成為命運的共同體。人類的生活已超乎地球的支撐能力，此所以生態惡化正威脅着所有人乃至全球生物的生存。沒有一個地方的一些人可以胡作妄為不影響其他人。要自救救人，各國需努力合作，找出方法，以具體措施來扭轉生態惡化和導致生態惡化的種種政治社會經濟趨勢。作為全球霸主的美國還是在窮奢極侈，污染世界，更掀動戰爭與動亂，為的是美國 1% 的精英的利益。中國在 20 國會議所倡議的和「一帶一路」戰略，卻是相反其道，推動國際合作。

（原刊於 2016 年 9 月 11 日）

再談人民幣

人民幣反守為攻，是中國金融以戰止戰。

在強美元下，人民幣不需升值與之爭雄，而是不要自以為是的借機把人民幣大貶。人民幣高估與否都是教科書的妄語，在迅速變動和匯率帶動經濟的情況下，這種 19 世紀式的靜態分析只會破壞經濟。人民幣在對其他貨幣穩定或甚可稍為升值一點，便可增強人民幣在這些國家的信用。

在強美元背後的美元供應緊縮，人民幣卻可借「一帶一路」戰略對新興國家增加供應。「一帶一路」戰略對新興國家增加人民幣供應。一來替代美元，二來促使這些國家加強與中國貿易，而且是以人民幣或其本幣結算者，亦會擴大人民幣作為這些國家的外匯儲備的傾向。強美元已打擊美國產品出口，人民幣替代更會驅使這些國家增強與中國的經貿結合，同時產生出去美元化和人民幣國際化的作用。亞投行、絲路基金、金磚五國開發銀行，以至中國雙邊、多援助都應大部分乃至全面使用人民幣，加快去美元化的過程。

強美元不易長期維持。但是歷史經驗很難準確地預測美元的實際走勢。這也反映出，即使美元也沒有甚麼高估低估的問題，決定者是市場，市場卻由多方因素左右，不是按教科書的均衡理論自動調節，更難以由中央銀行按均衡的標準來人為操控。故此，人民幣的匯率便需靈活因時制宜地操作，順勢而為，但可干預。干預在轉折點，以促成和引導趨勢的演化。

在強美元高處不勝寒的階段，人民幣更應靈活。在強美元時有一套應對方法，在弱美元也有不同的適應，中心點是國家利益。

（原刊於 2016 年 12 月 20 日）

美聯俄制中？

美國聯俄制中，戰略上可說得過，實際卻怎樣執行呢？

在軍事上，美國強而俄中弱，但俄中聯手，美國便由強變弱，背後還有財力的因素。對俄或中來說，更佳的選擇是俄中聯手以制美。俄羅斯在波羅的海的加里寧格勒、黑海的克里米亞、敍利亞的俄空軍基地部署的反導彈裝置都是從防衛出發，制約美國在東歐、中東的軍事力量。去年 12 月俄亦宣稱若美在韓國設立反導彈系統，俄會在南千島羣島（即日本的北方四島）作同樣部署，與中國在東海南海的力量配合。或許這些軍事抗衡始自奧巴馬任內，但特朗普委任的國防及情報首長，好戰的傾向更強於奧巴馬的建制。特朗普上台後會否把在俄羅斯周邊的導彈反導彈系統撤走呢？不撤走，美俄軍事抗衡的局面不會改變。

美國制中似是定論，但南海事件裏俄中已聯合軍演，在南海等地再有中美對峙，俄會袖手旁觀嗎？特別是俄正重建太平洋艦隊和海軍基地。俄對日本強硬，不可能在東亞對美軟弱？

俄中的經濟合作正在加強，中俄主導的上海合作組織在俄妥協之下支持中國在中亞的經濟介入，中俄在西亞的合作亦隨敍利亞和談而加強。經貿方面中俄關係已增強，雙互的人民幣與盧布結算也穩步推展。

俄羅斯與中國的合作是因美國，是典型大國博奕中的連橫合縱之策。俄中利益不會永遠相同，但至少在美國霸權還未完全沒落被更替之前，俄中仍然會緊密合作。

（原刊於 2017 年 1 月 15 日）

中日矛盾

　　美國在東亞的地緣戰略，首要是防範中國與日本和好合作，此所以美國在日本駐紮龐大的軍力，控制日本的防衛指揮，也在政治、金融等各個方面干預日本。理由是若中日合作，美國在東亞將不會佔一席位。其次是防範韓國與朝鮮的統一，以及與中國的合作。日韓世仇，但韓國長期是中國屬國，儒家文化也是從韓國傳往日本，韓國傳統上看不起日本的文化。韓國強悍，美國也要在韓國駐軍，控制韓國的防衛指揮。日韓變成美國兩大軍事基地和屬國，保證它在二次大戰後在東亞奪取的戰爭勝利成果。

　　至於台灣、菲律賓，以至澳紐、新加坡是美國圍堵中國、控制東亞、東南亞的基地。但美國不會放心台灣，除非台獨成功。菲律賓曾為美國的殖民地，二次大戰初敗於日本，美國亦不會對菲律賓長期放心，餘下只是白人的澳紐和英國建立的新加坡政權。新加坡的戰略地位，一是軍事，控制馬六甲海峽，與美國租用的英國在印度洋的海軍基地迪戈加亞島，以及波斯灣的美國軍事基地，同屬包圍印度洋，控制印度洋航道。

　　於是，美國在東亞東南亞的佈局，最關鍵的是日本、韓國和新加坡，不是台灣，因台灣之外還有關島的軍事基地，美國也不會相信台灣的中國人。也於是中國要打破美國對華的圍堵，不能寄望於美國放棄世界霸權。特朗普暫時性的退守，更使中國要防範日本右翼的軍國主義乘機復甦擴展。

　　但對付日本，是全面排斥，抑或是拉攏右翼勢力以外的政治力量和重和平發展的企業與民間呢？

（原刊於 2017 年 2 月 15 日）

電動車

　　以純電動汽車為例，製造業的轉型可以顛覆現有的發展模式。汽車本屬成熟產品，在環保因素下，正備受衝擊。可是汽車轉為純電動，姑勿論是充電式或氫電池，卻變成了相對環保的交通工具。而且因此全面從機械設置越來越變成全電子配置，並且可連上人工智能和通信技術，進一步變成移動為主的多功能電腦體系。不但是新能源，且是各種先進技術設計集合的全新產品。

　　近年美國在南加洲矽谷的 Tesla 電動車企業，創業幾年便崛起，它的電動車全球供不應求，在美國股市的市值今年初更超越美國第二大的福特車廠。即使還在虧損，銷售量每年還不足十萬輛，市值正迫近第一大的通用汽車。它的電動車目標在於高端市場，而不是大眾市場，但市場表現足以證明電動車的巨大市場潛力，且不只限於概念車的範圍，開始量產。由於汽車生產的巨大規模效益作用，它的發展空間極大，投資者便押在它未來的發展與收益上。

　　中國國家全力推動新動源車，不少內地企業正急趕直追。外國投資與技術也選擇中國的生產能力與全球最大的新車市場。或許未必能有 Tesla 的市場奇蹟，可穩步前進，市場的機會巨大。此所以深圳市政府全力支持比亞迪的擴展，天津政府也支持有中東資金、意大利技術的艾康尼克電動車項目。

　　香港也有電動車的試驗，但技術落後，市場概念薄弱，政府也缺支持。或許倚傍深圳和內地的強大生產與創新能力，香港應考慮加入。創業不應只是開咖啡店。

（原刊於 2017 年 4 月 11 日）

中國大飛機

中國大飛機 C919 首飛，標誌着中國製造業還是在急起追趕國際先進水平，以及中國製造業的升級換代十分迅速。

國際上大飛機製造集中於美國與歐盟兩家企業，其餘只有加拿大和巴西的支線飛機，以及剛剛發展支線飛機的日本。本來蘇聯有強大的飛機製造產業與技術，1990 年蘇聯瓦解破壞了大部分。今天的俄羅斯已無力重建民航用的大飛機產業，僅只維持軍用飛機的發展和飛機發動機等關鍵生產與技術。中國 C919 的試飛，打破了美國與歐盟的壟斷。

C919 不是 100% 的國產，零部件有近半來自海外，發動機也不如理想。即使面對波音 737、空巴 A320 的同一等級亦屬落後，不用說波音與空巴已提升這兩型號，並且還有更大的飛機類型。

中國的優勢，實際上是市場優勢。中國經濟擴張，帶來空運市場的更快增長。國外估計，今後十年中國民航飛機會增加 3 000 多架，居全球之首。西歐與亞太地區只各增不足 2 000 架，這個市場需求便構成中國進口替代的機會。產業發展是從生產中學習與創新，不能用利潤率或金融收入創造出來。中國大飛機的發展，伴隨軍機的提升擴展，機會巨大。或許不如高鐵的奇蹟，但只要戰略與政策恰當，不犯汽車工業和以往發展大飛機的錯誤，前景樂觀。

當前一個弱點是，飛機維修產業的發展未能同步。新加坡在飛機維修與航空產業的互動發展經驗有很好的參考價值。其中香港還可有所參與。

（原刊於 2017 年 5 月 13 日）

絲路精神

習近平在北京的「一帶一路」峰會的開幕詞一開始便強調絲路精神，這把海內外的誤解疑惑一下打破。我擔心的是海內外的媒體懂不懂和會不會把習的主旨報導呢？

習說絲路精神的核心是和平合作、開放包容、互學互鑒、互利共贏。在這種精神下，各國尊重彼此主權、尊嚴、領土完整、尊重彼此發展道路與社會制度、尊重彼此核心利益和重大關切。

這中間沒有甚麼普世價值或借普世價值之名推翻別國政權，顛覆別國制度，否定別國的宗教、文化與價值。中國歷史上的絲路不是十字軍東征，不是帝國征伐，不是殖民主義、帝國主義把別國人民奴役，更不是歐洲美國以上帝之名實行奴隸貿易、奴隸制的社會與經濟。

絲路精神是互通有無，自願交易。中國在今天提出的現代絲路，也不是唐朝天可汗、西域都護或鄭和寶船獎懲藩國。中國只是在國際的框架下把中國歷年的積累，存放在美國的外貿順差構成的外匯儲備，拿出來在更廣泛的範疇，特別是歐美列強和大企業不願意投資的窮國、小國，投入在當地的基礎建設，把窮國、小國以及陸路封鎖的國與全球貿易通道連接起來。中國的錢是用在連接，也不一定期望項目有利可圖，求的是全球大環境，包括中國在內，全面的和平與發展，在連接的基礎上，生產、貿易、思想、知識的匯集交流，創出文明（不是一個而是多個）的創新與發展。

這是歷史偉舉，中國實際上與所有參與的國家一起重新學習，所謂互學互鑒。文明的交流整合已超越國界，不可用錢衡量。

（原刊於 2017 年 5 月 18 日）

中國改變歐洲格局

中國「一帶一路」的發展戰略代表着高明和長遠的佈局。一方面，中國對外投資考慮收益，但不是一年半載幾個百分點的收益，而是較長期規模更大的效益。另方面，中國的投資不是胡亂追逐短期利潤，撒芝麻，而是有着緊密協調安排的部署。

以在東歐中國資助匈牙利首都布達佩斯到塞爾維亞首都貝爾格萊德為例。這條高速鐵路長 350 公里，耗資 28.9 億美元。由於匈牙利與塞爾維亞及整個東歐經濟前景不佳，中國貸款建這條鐵路的回報並不會十分理想。況且這條屬歐盟鐵道體系中的第 10 條通道，從羅馬尼亞與保加利亞另有第 4 條通道與之競爭，且歐盟提升撥款資助後者。但是，羅馬尼亞與保加利亞是北約前線，中國投資會受到約束。匈牙利與歐盟關係不好，並不聽歐盟的話，塞爾維亞更是從前南斯拉夫時代已與中國友好。

中國的目的也不是這 350 公里的鐵道，而是將之通往馬其頓而到希臘，以雅典的比雷埃夫斯港口為終點。後者中國已取得 35 年經營權。今年初，該港口已與上海港聯盟，從寧波發運的貨物運至港口上岸轉鐵路通達布達佩斯。中國的意圖是發展這個鐵海聯運路線，把中國與歐洲的貿易以此為運輸主幹線。布達佩斯將是中歐貿易的樞紐，比雷埃夫斯港則是主要運輸港口。若中國這個企圖成功的話，整個歐洲的運輸格局便會改變。歐洲北部港口由阿姆斯特丹到波羅的海港口都會失去了貿易運輸樞紐的功能與作用，重心轉移至希臘，這會是幾個世紀以來的大變。

（原刊於 2017 年 6 月 23 日）

美國的帝國衰落

西亞中東本是歷史上絲綢之路與中國同為兩個中心。羅馬帝國瓦解之後，西方的文明與繁榮集中於阿拉伯與波斯帝國。奧斯曼帝國為發展的顛峰，橫跨歐亞非三大陸，在歐洲佔了巴爾幹半島，與奧匈帝國毗鄰。只在 19 世紀才衰落，一如中國的大清帝國，其中關鍵是西葡荷英之奴隸貿易與及殖民美洲大陸，用暴利來發展武裝。掠奪絲綢之路的經貿利潤，更進而殖民亞洲，肢解古老帝國。西亞中東的沒落是英法帝國主義、殖民主義的侵略，而英法扶植封建勢力，把中東西亞分而治之，再插上猶太在 2 000 年後的復國，基本上把西亞中亞打成亂局，方便操縱把持。

美國在十年前左右更進一步提重新劃分中東西亞國界：伊拉克分為三國，庫爾德人建國把土耳其、伊拉克、敘利亞的土地也分出去，沙特阿拉伯也分為幾個國家，只是動不了伊朗，但打擊伊朗，也可使伊朗瓦解，整個目的是中東西亞的碎片化。歷史上的阿位伯、波斯等偉大文明傳統便可以長期被埋葬，既有利於美國霸權，也有助以色列的猶太復國主義的擴張。這是大戰略陰謀。

但美國敗於越戰，困於阿富汗。在伊拉克勝後轉敗，加上國內金融化，國家實力已無法支撐世界霸權。物極必反，在蘇聯崩潰，美國一霸獨尊，反而是它全面走下坡的開始。敘利亞一戰之敗便是全盤皆落索了。

中國「一帶一路」建設便是從根本奪取世界貿易的主導權與利潤，淘空美國的底。美國現時就好像大清與奧斯曼帝國盛極而衰的情況。

歷史以不同形式重複！

（原刊於 2017 年 8 月 3 日）

國際政經大變

國際政治經濟正處於一個大轉折點。政治方面，美國霸權衰落已是必然之勢。敍利亞和伊拉克的失敗突顯出美軍軍力的薄弱。不要說如 90 年代所提同時在兩個戰場作戰的能力，連在一個戰場也無力應付俄羅斯、伊朗的強頑力量。重劃中東西亞的意圖，在伊斯蘭國被打敗，靠庫爾德人立國也成眾矢之的，機會不大。俄羅斯、伊朗、伊拉克以至敍利亞兵力經戰爭磨練，已非美軍及其附庸所可為敵。以色列也面對威脅，不敢公開抗爭。美國拉攏印度不成，中印對峙也演變不出中印對戰的局面。美國增兵阿富汗只是拖延阿國的政治大和解，無助於美國勢力的衰減。於是從巴基斯坦到地中海東岸，美國全面敗退。沙特阿拉伯與土耳其也會棄美國而與俄伊合作，卡塔爾的轉變已是跡象。沙特阿拉伯再在也門的戰爭打不下去的話，國內會變，埃及也可介入。中東政治改變的話，美國龐大的海陸空軍基地早晚要撤。最近俄羅斯引中亞國家派軍入敍維和，更顯示出中亞穩定，中亞與西亞的重新整合。若中國努力打通區內的鐵路公路跨境連接，開拓波斯灣的港口海運，大變會加速進行，美國勢力便一倒再倒。

伊朗用石油歐元，沙特阿拉伯與中國石油貿易採人民幣、中俄亦是，且俄已是中國最大油氣進口來源。若加上中亞、伊拉克、敍利亞，再拉攏卡塔爾，石油美元便會迅即崩潰。人民幣未必可替代，但卻與歐元並列，中國的經濟聲勢大振，中國以及其他國家便少受美元敲詐。美國反倒面對石油美元倒灌、美元貶值的金融危機，美國的經濟霸權也岌岌可危了。

（原刊於 2017 年 9 月 8 日）

加泰隆尼亞獨立？

　　加泰隆尼亞鬧獨立，表面上是民族主義，實際是富裕地區希望擺脫貧窮地區的拖累，一如意大利北部的北方聯邦之意圖擺脫意大利南方貧窮地區的負擔。民主、人權、民族主義都是藉口、假話，底下還是利益的問題。

　　歐洲從來是多民族遷徙混合的地區，與中國等東方文明古國不同。不是有一個本體文明逐步吸納外來因素演化。歐洲各國的基礎，或可說歐洲封建主義的基礎，是羅馬所說的野蠻人建設起來。由遊牧民族開始，從中亞、烏爾山脈地區和芬蘭等地移徙而來，也經歷了回教文明的衝擊。意大利南部、西班牙都曾為回教政權領土。即使拉丁語的羅馬帝國京畿地區也被遊牧民族佔領。北意大利一些地方今天還保留當年東哥特人的語言文化。歐洲的封建制度與物質文明還可看到這些遷來的遊牧民族的痕跡。歐洲的國家，由武士封建制度演變而來，基層民眾可遷徙，上層統治者則是家庭聯婚繼承而可隨時轉變版圖。若以民族主義出發，德法本是一家，北歐是一家，巴爾幹的斯拉夫族又是一家。整合的因素大於分裂。

　　歐洲整合的歐盟，實際上是繼神聖羅馬帝國和拿破崙統一歐洲的傳統，代表歷史的大趨勢。

　　加泰隆尼亞有的只是近幾百年的地方文化傳統，而產生這種地方文化主要是交通不便，交往不足。今天交通通信改善，地方孤立的因素與條件不再存在。為甚麼要獨立？也為甚麼獨立後還要留在歐盟之內呢？北意大利的北方聯盟更聰明，不會搞這樣的鬧劇！

（原刊於 2017 年 11 月 13 日）

歐亞互動

看歷史，便可發覺歐亞大陸從來都是連接的。

遠的是匈奴強大，把月氏人逼走，結果造就中亞北印的貴霜王朝，盛極一時，既是中國絲綢等出海路往波斯、阿拉伯，以至經紅海到地中海，也是佛教傳入中國的要道，包括把亞歷山大時代的希臘雕塑文化轉化為佛像藝術。

西漢東漢都打敗匈奴促其西遷，啟動了歐亞大草原遊牧民族的大遷徙。首先是哥特人入歐，攻擊羅馬帝國，繼而是匈奴人（Huns 應是匈奴演化而來）打垮了羅馬帝國。從歐洲到北非，由此而開啟歐洲文明的大變局，日耳曼民族替代拉丁民族、Celtic 民族遷至邊鄙地區，也讓北方芬蘭語族和東方斯拉夫民族進入歐洲割據。這是典型的歐亞互動，更不用說蒙古西征的顛覆。俄羅斯留下了不少蒙古的血脈、制度與文化。

近的是美國用伊斯蘭教極端主義，借沙特阿拉伯的瓦哈比教派傳教，先是在阿富汗打敗蘇聯支持的政府，導致塔利班政權上台，再而借助北方的部落，加上蘇聯崩潰後沙特阿拉伯在中亞發展的極端回教派別，推翻塔利班政權。更借中亞回教極端分子在俄羅斯北高加索地區起義，起義不成，便合流入敍利亞和伊拉克，支援伊斯蘭國。沙特阿拉伯瓦哈比教派的影響滲入中國回教民族地區，促成疆獨，並以宗教因素衝擊中國。

敍利亞伊斯蘭國失敗後，美國護衛把人員運至阿富汗、巴基斯坦，甚至伸延至緬甸、印尼與菲律賓。這是歐亞互動中向東的衝擊，但多了美國因素。

（原刊於 2017 年 12 月 21 日）

朝鮮半島的關鍵

報載美國取得中共中央辦公廳的一份文件，顯示中國維護北韓政權之心。美國政府的信息往往真假混雜，是所謂混合戰爭之手段。特朗普時代應該假新聞更多。這份文件真偽難辨，但若從中國國家利益和常理而言，頗為合理。

對中國而言，北韓存在作為緩衝區隔開美國在日本、南韓駐兵的威脅，是戰略國策。此所以中國在弱勢時還要打韓戰，也是同樣理由，中國要支持越南打越戰。美國是帝國主義國家，從建國開始便以侵佔他國為發展手段。即如其民主人權開始時建基於奴隸制上，取消奴隸制後，美國有哪一天在國內不壓制少數種族，在外侵略他國呢？中國相信美國友好，便是上當、賣國。

在金大中當南韓總統時，南北韓和解，南韓在北韓設加工區，兩韓鐵路連接。中國與俄羅斯也與北韓一起發展北韓東北部港口以及海參威的俄國港口羣。中俄並競爭助北韓把鐵路現代化，連上俄國或中國鐵路。那時中國吉林地區，特別是丹東市貿易發展蓬勃，半島形勢大好。

好幾年前，南韓中央銀行的研究所也委托我撰寫深圳特區發展經驗，以作南北韓和平統一方法的參考。南北韓和解、東北亞發展，美軍便要撤退，因此看不過眼的是美國。掀動南韓政權轉變，親美保守政權上台，扭轉對北韓和解政策，進行大規模軍演威迫，南北韓和解局勢盡失，演變成強烈對立。假若不是中俄堅持立場，美國也多會如伊拉克或利比亞的例子，顛覆北韓政權。

東北亞不穩是美國牽制日韓、打擊中國東北發展，阻止俄入太平洋。

（原刊於 2018 年 1 月 6 日）

以色列模式

坊間一般的說法，是以色列為初創業者國度，Start-ups 比例高於美國，反映該國科研創新的巨大能量。但是，這種科研創新傾向不是源自猶太民族，而是有其與種族不同的當地環境因素。

美國的科研創新主要推動力是軍方和聯邦政府的公帑，近 20 年作用稍遜，主因是財政不足，但重要的科技創新大多始源自國防或聯邦科技撥款的項目。以色列的情況比美國更倚重軍方來發展科技，這自有其國家安全的因素。軍方和政府科技支出的比例遠超所有國家，即如國際領先的南韓，也與之相距頗遠。這樣的投入是造就該國科技創新的主力。其他的因素，如與美國、歐洲的密切科研關係，也加上近 20 年大量俄羅斯猶太科學家的移民，以及國家長期處於外力壓迫，國民的不安全感強，也因此導致舉國上下莫不奮力爭前、不怕失敗和風險。政府與軍隊的強大使企業不易壯大成壟斷，市場空間頗多。與美國的緊密結合，也讓以色列的新創企業容易被美國創投資金收購，在美國上市。

以這樣的環境和制度因素，以色列的模式不可能容易被別國抄襲、模仿。

近年新的發展是政府與業界希望削減由創投資金造成的中間高成本，以及企業外移的嚴重問題，強調企業留在以色列，以當地為根來向外發展，而不是全盤賣給創投資金再轉賣全世界，把初創企業變成金融產品而妨礙其在本業的進一步擴張發展。

很可惜，香港與內地還滯留在迷信創投資金的階段，學虎不成反類犬。

（原刊於 2018 年 2 月 6 日）

烏克蘭的悲哀

烏克蘭是一個典型精英賣國敗國的例子。獨立後的改革只是造就寡頭集團，而不是國家與社會的發展。親美親歐，意圖加入歐盟，投靠美國的北大西洋公約，全面反俄。但是美國與歐盟會援助烏克蘭嗎？

美國策動的顏色革命，推翻民主選舉的政府，結果是俄羅斯釜底抽薪，收回克里米亞，不使美國可扭轉 19 世紀英國在克里米亞敗戰的結果。烏克蘭東部親俄，是全國的工業中心，西部親歐，是農業地區。政治上粗暴奪權的結果是打破國內的政治妥協，由此而產生內戰——東部工業地區分裂出來。

顏色革命是美國的政治陰謀，打擊俄羅斯輸歐洲的天然氣，阻止中國從烏克蘭取得軍事技術。但政變之後，美國歐盟並不資助烏克蘭，由是在內戰之餘，經濟再度大滑坡。烏克蘭沒有了東部，便從發達的工業國家全面倒退到落後的農業國家。還要向美國獻媚，刁難俄羅斯的天然氣供應。

3 月 1 日俄停供天然氣，烏只能向西歐買當地從俄進口的天然氣，價格漲兩三倍以上，也只能從俄進口煤炭發電。為了政治，自斷俄羅斯低價供應的天然氣，弄到春冬之際要學校長期停課，住戶減少供暖來過活。最後，以 2017 年總結，經濟包括出口都大大低於 2013 年顏色革命之前，尤令人失笑的，烏克蘭今天最大的外貿夥伴竟然也是政府刻意對付的俄羅斯，而烏克蘭大批科學家則跑到中國工作。美國顏色革命的作用只是破壞，沒有建設。40 多年前我訪問烏克蘭時，生活水平與英國相等，今天卻變成最窮國，這是迷信美國的後果！

（原刊於 2018 年 3 月 15 日）

別國能替代中國嗎？

中美貿易磨擦主因是中國持續工業化，美國則去工業化，轉為金融化。在這個轉變中，金融化的美國企業依然賺錢，如蘋果手機，美國企業賺的錢遠多於在中國製造的眾多中國企業。對美國的問題是，這樣不同的發展方向使美國的外貿赤字成為結構性的問題。去工業化過程裏，美國一些企業利潤大增，但不參與金融化或在金融化市場競爭失利的美國企業便被淘汰，美國的產業工人也被淘汰。

解套的方法中最王道也最可持續的是美國扭轉去工業化和金融化的發展趨勢，少數企業盈利受挫，整體經濟的收入與就業得益，美國的外貿赤字也可減少。這也是在 2008 年金融海嘯後國際貨幣組織對美國赤字經濟開的良方，目的更是調整全球經濟的結構失衡。特朗普與支持他的金融寡頭壟斷集團並不願意這樣做，由是他們採取其他損人利己的方法。

一是逼迫別國減少對美出口，以此減低進口，也借此擴大美國僅有的出口。二是金融危機，破壞別國的金融與經濟，從而使資金流往美國，支持美國的泡沫經濟，也讓美國企業可以低價收購這些國家被嚴重低估的資產與資源。

從歷史上美國與日本長期貿易磨擦的結果是破壞日本的工業經濟體系，用金融掠奪日本的積累財富。但美國的貿赤與財赤只增不減，轉變是中國替代日本成美國最大逆差來源。歷史若重複，美國似是打擊中國扶植別國來替代，從而維持經濟的不停泡沫化。但中國以外，那個國家可作替代呢？

（原刊於 2018 年 6 月 5 日）

歐美貿易合作？

美國與歐盟商討貿易合作，似乎是在歐盟與日本簽署自由貿易協議後，又一大發展轉變。或許這會是美歐日發達國家的大聯盟，相對於中國推動的金磚五國、「一帶一路」建設等，大有發達國家與發展中國家分庭抗禮，乃至對立之勢。

不過，現實世界的演變未必如此涇渭分明地簡單。

歐盟是全球最大的貿易體。但自 2005 年以來，歐盟與美洲的貿易已被與亞洲的貿易所超越。2017 年歐盟與美洲的貿易已降至 25% 的比重，只及與亞洲貿易的一半。歐美若在汽車以外貿易實行相互零關稅，是否可使歐美貿易大增呢？

一是美國的液化天然氣和大豆等農產品出口歐盟，未必可與來自俄羅斯和東歐的競爭。美國液化天然氣出口還有待基建的大改善，價格亦難有優勢。二是歐盟對美貿易順差龐大，一旦零關稅，美國自歐（包括東歐）進口會大增，美國的逆差也便只增不減，美國政府會坐視嗎？

歐盟與俄羅斯的天然氣供應關係，一是保證能源安全；二是德俄合作。美國的液化天然氣不易替代俄羅斯的進口。更重要的是美國市場重要性相比亞洲市場會越來越減少。歐盟會為美而捨亞嗎？

歐盟與日本自由貿易協議作用更大，影響更深遠。與美合作或許只是在政治上敷衍美國，應付特朗普的一時攻擊，更深的轉變是擺脫美國。在這個過程裏，中國及「一帶一路」建設大有發揮作用空間，關鍵是怎樣做得好。

（原刊於 2018 年 7 月 31 日）

美國以蘇聯方式對付中國

中美新冷戰似乎正在進一步激化。貿易戰只是開場，從改北美洲自由貿易協議為美加墨協議，除了改變與加墨的貿易關係外，最大的作用是封鎖中國，不讓加墨與中國有任何自由貿易協議。按此模式，特朗普主政的美國將會以重修貿易協議的方式，逐步在國際貿易上把中國排斥在外。這是建立美國為核心的雙邊貿易關係來替代多邊的世界貿易組織，把二次大戰後的多邊體制轉變為美國的帝國體制，有點像大英帝國的體制。對參與的盟國，美國是用美國的國內法侵佔別國的主權，將之降為屬國。

當前，美國一度考慮禁發給中國學生的留學簽證，即使最後因國內反對而作罷。但提至總統決定，反映出美國現時政府內部對華的仇視，以致連中國學生留學美國的關係也想斷絕。美國對付中國的手段便不僅在於貿易、金融，甚至涉及正常的文化交往，愈來愈像當年冷戰時對付蘇聯的做法，已經不僅只是像對付日本那樣的限於經濟與經濟體制。這或許便是美國 CIA 長年累月想營造的文明衝突模式。

特朗普若贏了 11 月的中期選舉，對華的措施便將會層出不斷，愈來愈不顧國際關係和規則，中美早晚便會被定為敵國關係。中國方面實在不能再心存幻想、僥倖投機了。美國搞垮蘇聯的第一招是星球大戰的軍備競賽，以此來弄垮蘇聯經濟；第二是蘇聯的改革開放，戈爾巴喬夫似是被美國收買了，葉利欽更靠美元資助來奪取政權、顛覆蘇聯。

美國不可能以戰爭打敗蘇聯，蘇聯之崩潰是美國在領導層的滲透，和平演變。中國好應重新檢討蘇聯的經驗。

（原刊於 2018 年 10 月 7 日）

特務戰

國際外交和經濟關係，從來都有公開和不公開的兩個範疇和渠道。

歷史上大國角力也不盡是戰爭，更多是在情報人員之間的鬥爭。中國在國共鬥爭之時，國民黨的中統軍統等與中共由周恩來主導的特務系的攻防，很大程度上決定了戰場上的勝負。

19 世紀俄英的歐亞大陸之爭，很關鍵地是在中亞，特別是阿富汗的英國情報人員的地區小型戰爭。英國的 MI5、 MI6，美國的 CIA 乃至其後衍生出來的眾多公開或秘密機構、前蘇聯的 KGB 和俄羅斯的繼承者，以及以色列的摩薩德和辛貝，都是令人聞風而懼，可卻是在國內外各個領域似乎是無所不在。就算是美國侵略伊拉克，靠的也是情報人員收買伊拉克軍隊的將領，使薩達姆政權一潰而散。烏克蘭的顏色革命之所以在廣場示威一發不可收拾，推翻了民主選舉的政府，依賴的是美國空運到基輔數以噸計的美元現鈔，讓情報人員運用來發揮巨大的政治作用。

明刀明槍的戰爭或許只不過是特務戰僵持不下的最後解決方法。現代的特務戰深入到各個範疇，跨越公私界限。中國軍事戰略家提出的超限戰概念正好把特務戰的擴展滲透有更恰當的形容與解釋。

香港從來是卡薩布蘭卡，特務匯聚，既合作又交戰的地方。中國崛起，以美國為首的國家的特務更經香港湧往內地。

這樣的情況，中國政府是清楚了解，也加以利用。於是，有政治需要的話，中國政府可以很容易拘捕那個國家的特務來。這不是電影而是現實，只是老百姓被瞞騙已久。

（原刊於 2018 年 12 月 14 日）

政治迫害

美國對付中國，在特朗普及其極右政權的政策下，必然把香港牽連在內。

早些時候美國貿易高官質疑香港獨立關稅區地位。由於香港獨立關稅區地位不是美國欽賜，而是在世界貿易組織框架通過。美國現時在世界貿易組織之內沒有足夠的影響力，此所以特朗普要揚言退出。美國不可能在這個問題上對中國施加壓力。

但是，美國從反恐開始，已經習慣把國內法伸延海外，甚至在外國把別國公民隨意拘捕，不經審訊。或許美國還不敢把中國和俄羅斯定為恐怖主義國家，但不排除以涉恐的藉口拘捕中國公民的可能性。現在用制裁伊朗、北韓、俄羅斯等國家的國內法來追緝、拘捕、起訴外國公民，不單對付相關的企業，且伸延至對付相關企業的僱員。華為的孟晚舟不會是孤例，而孟的香港身份更突顯出香港居民不會在例外。

事實上，已有不少例子顯示美國已對與伊朗有商業來往對香港商人施壓，且不單只是到美國會有麻煩，更是在美國的盟友國家入境或過境都有可能遭遇孟晚舟所受的待遇。美國是借制裁別國，把對付第三國的網全面擴張，用作對付、欺壓中國。在特朗普政府愈來愈多換上極右派的官員，美國對付中國和香港居民的手段只會愈來愈無理蠻橫。中國公民與居民在所謂自由世界裏的出行便風險愈來愈大。

年青時從英國參加旅行團往蘇聯遊覽，結果在回港後受政治部問話，這還是冷戰時期。今天用政治藉口來直接制裁外國公民，屬大大倒退。

（原刊於 2018 年 12 月 26 日）

英文衰落

去年參加上海合作組織的研討會，會議都是以中文及俄文為發言語言。即使去年該組織除中、俄、中亞四國外，多了印度與巴基斯坦的正式會員。組織的官方語言仍然是中文與俄文，並沒有加上英文。該組織除正式會員外，還有觀察員和對話夥伴，合共 18 國。按人口規模而言，雖然集中於亞洲（俄羅斯也算亞洲國家），卻是全球最大的國際組織。

它的近幾任秘書長都是從成員國中挑派。上任是塔吉克斯坦的前外長阿利莫夫和現任的是烏茲別克斯坦前外長諾羅夫。他們的英語十分好，理大和珠海學院在港組織的研討會請他們來，英語演講流暢，但官方發言堅持用俄語。剛剛在北京諾羅夫就任秘書長的典禮上，主要嘉賓的演講均是中文、俄文，司儀在中俄文以外加上簡單英語介紹，只是為了照顧出席的駐華各國使節。

上海合作組織的規模仍在擴大，伊朗早晚會成為成員國，在中俄印巴伊五大國的合作下，會演化成亞洲以至國際的主要區域組織。組織用中俄文，排斥英語，國際影響會頗大。

亞洲以外，歐盟正減除英國，歐盟的官方語言大有可能亦減除英文，或至少大幅度地減少英文在歐洲的各個官方領域的使用。英國脫歐，美國對歐盟施壓，也威脅退出北大西洋公約組織，英文的主要代表國的英美便會逐步從歐洲退出。相反地，德法聯盟，歐盟正爭取擴大國際參與，顯然英文以外的法德文的影響會加重。

英文的衰落，反映英美世界霸權的衰落。語言文化的多元化，可能是引導世界進入新一輪的文化盛世。

（原刊於 2019 年 1 月 31 日）

德法合作

德國與法國在 1 月簽署 Adchen 條約,重新肯定 56 年前簽署的巴黎 Elysee 條約。後者開啟以德法為核心的歐盟一體化發展的歷史進程,前者則是在歐盟東擴之後,美國打壓、英國脫歐、極右民粹主義冒起之時,重新肯定以德法為核心的歐盟的發展。

與 56 年前的情況不同,那時德法合作推動歐盟發展,正處於美蘇冷戰之中,美國要扶助歐洲來對抗蘇聯及其附庸的東歐。德法條約便迅速朝歐洲一體化的發展。

可是 2019 年的國際形勢大變,冷戰不再,歐盟與北大西洋公約東擴,迫近俄羅斯國境,美國似乎已大權在握,不需依賴德法的歐盟。一方面新歐洲的波蘭、羅馬尼亞等更聽命於美國。德法和歐盟的老歐洲並不完全屈從美國,且在經濟上開始挑戰美國的霸權。因此美國更傾向於瓦解歐盟,分化歐洲的勢力,讓美國直接領導歐洲各國,不需再假手德法與歐洲的核心精英。歐債危機、歐洲難民問題,都如當年美國對付日本那樣,旨在打擊壓制歐盟。

英國脫歐有當時保守黨政府的錯誤估算,卻難免有美國促成的嫌疑。目的是削弱歐洲,分而治之。

無論是對付中俄,對付歐日,美國當前的理由是實力已大不如前。再難如二次大戰後的國運興隆,在全球無對手,在蘇聯勢力以外,短短二三十年把歐洲列強和日本一二百年經營的霸業全部接手。最典型的例子是全球黃金差不多都集中於美國。當然越戰失敗帶來大打擊,但聯華鬥俄,不單壓止越南在中南半島的擴張,間接報了越戰之仇,推翻親蘇的阿富汗政府,重拾聲勢,

以至一舉在 90 年代推翻整個蘇聯東歐集團。在 1999 年更空炸中國駐南斯拉夫大使館，震懾中國。很可惜，霸權從來都不可能長久。阿富汗、伊拉克、敍利亞一連串的進侵都陷於泥沼中，不易拔身，也使國力大傷。但還不知收斂，阿拉伯之春到對付歐洲，在烏克蘭推顏色革命，試圖暗殺土耳其總統，乃至今天的顛覆委內瑞拉民選政府，在在都顯示出美國的霸權走上狂燥慌張失措之路。

在這樣的形勢下，德法要自保，便只能堅持守着歐盟的堡壘。重簽協議，提出更大的遠景，包括歐洲軍隊，德法經濟區，以及德法與歐盟在國際政治上的更積極行動，乃至抗拒英國挽救脫歐危機的談判，均在在顯示出德法與歐盟的核心精英是在鞏固歐盟、抗衡美國；或許還有與中俄合作，推動中東和平之舉。

（原刊於 2019 年 2 月 4 日）

歐洲的轉變

中國借「一帶一路」建設往歐洲的發展，最顯著的是兩條路線。一是與德法等歐盟核心國合作，但合作不易，美國在旁監視，德法等在歐盟與北大西洋公約組織方面，與美國有着各種利益關係，即使要逃脫出來，不是三五年間之事。反而中國要等待德俄合作的進展，主要是俄羅斯天然氣由德供歐帶來的轉變。

二是中國與歐洲的邊陲國家的合作。最早是東南歐，即1+16，包括以前的東歐共產國家和南斯拉夫聯邦分裂出來的國家。另方面是南歐各國、葡萄牙、西班牙、希臘，以至最近的意大利，或許還可加上塞浦路斯（已變成中國移民往歐洲的跳板）。

與德法核心國家相比，這些邊陲國家有着南北分別、貧富懸殊的差距。但因推行歐盟一體化，特別是加入歐元區，這些國家的金融與經濟被迫與德法看齊，幣值上升帶來出口困難，進口消費過大，且在社會福利方面提升太快，經濟難以負荷，產生出巨大的負債出來。歐元一體化最大得益者是德國，可以說兩次大戰德國爭取不了對歐洲市場的控制，今天卻可在歐元區內實現。而為了抑制邊陲國家的經濟風險，德國主導的歐洲中央銀行在實行歐盟區內經濟自由化的同時，收緊銀根，強制邊陲負債國家採取緊縮政策。

結果是東歐各國經歷共產政權崩潰轉型之痛後，再來一次經濟困難。人口本已趨降，經濟惡化使精壯人口更向西歐轉移，本地區的發展陷於衰落。即使意大利、西班牙等南歐發展較佳的國家，在歐盟緊縮政策與德國出口雙重壓迫下，經濟亦陷困境，失業率高企。這樣的形勢更突出歐盟內南北矛盾。民粹主義的氾

濫，反歐盟政治的興起，便屬必然之勢。

　　由於德國主導的歐盟一體化並沒有給這些邊陲國家帶來發展，它們便只能自求多福，尋求與中國的合作。一是中國在基建、投資方面的投入，二是中國「一帶一路」的發展，後者尤其重要。中國恢復絲綢之路，便是扭轉近二三百年西北歐國家的壟斷，把歐亞貿易回復到由亞洲直接從東方經東歐、南歐往歐洲大陸。由此而使歐亞貿易帶來的運輸好處，包括貿易服務轉移到這些國家，而不是集中西歐北海的港口。同時把運輸成本減低，促進當地的生產與貿易，也可吸引外資建設。這個發展是把歐盟一體化經濟利益集中於德國與西北歐國家的趨勢扭轉。用中國因素抗衡德國為主的一體化的衝擊，便是關乎這些國家的國運了。

（原刊於 2019 年 3 月 31 日）

宗教戰爭

從來，宗教都可以被利用來作政治鬥爭的工具。宗教追求的世界，並不是僅指現世之外的另一世界，在理想的極樂世界之前還要面對現世，因而為了未來便要塑造現世而作準備。現世變成未來的橋樑，為了未來便可犧牲現世，包括現世的所有關係。現世的政治社會倫理都可以打破，掃除一切妨礙從現世到未來的因素。特別是由部落神祇發展出來的一神論宗教。一神主宰一切，以神之名便可否定一切，建立一切，把一神宗教的追隨者（神的兒女）與異教徒對立起來，以消滅異教徒作為神的教導，成為神的兒女的標準。這樣的宗教邏輯便容易產生出極端的宗教暴力。不過，現世中有許多因素阻止這樣的宗教清洗，尤其是當宗教與政治結合，一方面壯大宗教，提供各種保護與資源支持。另方面，政治權力的行使需要各種現實的妥協，政治權力更會與宗教權力競爭，不讓宗教權力凌駕於政治權力之上，也因此會抑制宗教的極端主張與行為。

歷史上的宗教戰爭、宗教迫害，實際上多是借宗教藉口來達成政治權力的要求。此所以宗教在制度化、組織化之後，教會會出現內爭和分裂。最著名的例子是基督教的分裂，乃至英國君主成為分裂後聖公會的首腦。伊斯蘭教亦然。而歷史上著名的十字軍東征，本屬基督教與伊斯蘭教之爭，卻演變成在東地中海地區的城邦、領土之爭。其中一次東征不是與伊斯蘭教作戰，反而是攻陷基督教重鎮君士坦丁堡，掠奪財富。宗教很明顯地變成為政治權力慾望的手段。

很長的時期裏，不同宗教在世俗化的帝國主義、殖民主義底

下並沒有出現大規模的宗教戰爭。可是，近年來，在美國霸權主義衰落的過程中，宗教戰爭便突然氾濫。從以色列與伊斯蘭教國家的領土之爭，到阿富汗美國資助的宗教武裝組織推翻蘇聯支持的當地政權以來，一時間伊斯蘭的各種聖戰組織此起彼落，在中東西亞北非興起，與國家政權作戰。表面上看，這些宗教武裝依持極端的宗教主義，各自分散競爭，背後卻似乎有着美國的國家政權的各種支持，似由美國軍方提出的不對稱戰爭演化出來的新型戰爭模式，目的在於美國在海外的政治與經濟利益。

不管是美國有計劃有戰略的資助推動，抑或是潘朵拉盒子，一打開便眾惡湧起，不可收拾。於是特朗普愈來愈像十字軍東征，基督教與伊斯蘭教戰爭便蔓延全球。

（原刊於 2019 年 4 月 30 日）

民族自決

　　國際上流行一個說法，是民族自決。這個主張本身有着眾多的問題，一是誰算民族，不可能少數人說可構成民族，便可成民族。二是怎樣自決，是多少人，多少人口比例的決定便是自決，是一次性的投票決定。像英國脫歐，公投之後反悔，抑或是定期重複投票決定？投票決定後怎樣自決，通過武裝起義，抑或是國際干預？

　　民族自決的主張事實上已經變成口號，不考慮種種根本性的問題。作為政治口號，一如任何政治主張，都帶有利益因素。一方面參與民族自決的，當然有他們個人或集體的利益。另方面，在國際上宣傳推動民族自決的也必然有他們個人、集體或國家的利益涉及在內。在眾多的歷史例子裏，主張民族自決的是要與現行體制政權對抗，往往有外國勢力和利益介入。前者或許開始時自主，外國勢力介入後因資源的不對稱，便多是變作受外國勢力所控制、所主宰，性質便有所改變。

　　歷史上，從二三百年歐美帝國主義、殖民主義興起，因屬小國、後起，它們的政治擴張之法，多是把大帝國瓦解，既用戰爭侵迫，更用民族自治，把帝國內的多民族成員變成對立，從內部分裂帝國。例子是歐洲的奧匈帝國、奧斯曼帝國、印度的莫臥兒帝國，乃至中國。中國在 1949 年前，列強先是割地建租界，繼而建立地區勢力範圍來逐步蠶食，如俄佔新疆與黑龍江、英據西藏、日本佔東北。二次大戰的遠東戰區實際上是日本與歐美列強爭奪領土。歐美是以民族自決為宣傳，日本則反歐美民族主義，也是強調民族自決，不過背後還有大東亞共榮圈，滿州國的統治

本質與日本殖民的朝鮮、台灣無異。

同樣例子，英國瓦解莫臥兒帝國之後，所謂民族自決變成英國印度帝國。而英印帝國瓦解，則拆出印度、巴基斯坦與孟加拉三國。最新的例子是美國瓦解蘇聯東歐、南斯拉夫，用的都是民族自決，成功之後則是歐盟與北約東擴，把分裂獨立出來的國家再次收編。在伊朗、伊拉克、敍利亞，也是企圖分拆出新的民族自決的國家來。

民族自決實際成為歐美帝國主義的政治工具，自決是它們吞併前的手段。

假若民族自決原則是合理的話，為甚麼美國不分出眾多國家來？夏威夷王國應復國、土著的各個部落亦應收復失地重新建國。各個州亦可重新從聯邦分出，原來墨西哥的土地應歸還墨西哥或獨立，阿拉斯加理應自治！就像蘇格蘭、威爾斯、愛爾蘭脫離英國！

（原刊於 2019 年 5 月 1 日）

金融戰

　　中美之爭，從貿易戰到科技戰，跟着是金融戰、司法戰。

　　金融戰必然是針對人民幣，主戰場是香港的離岸市場。但假若中國政府不放鬆，甚或借市場匯價來傳達政治訊息的話，美國策動的金融力量是沒法動搖人民幣匯率的。理由是中國還有外匯管制，香港的離岸市場規模狹小且有各種限制，只要中國收緊人民幣的供應，場內場外怎樣協調策動造空都會很容易地被打垮。過往已經有多次的例子。

　　金融戰不應只是美國主攻，中國只守。為甚麼中國不能採取主動呢？方法不是由政府干預匯率，而是運用金融工具穩定人民幣匯率於一特定區間。這個特定區間的作用是帶一定的政策目標。人民幣匯率的高低不應是投資投機者炒作匯率變化或單單吸引存款，而是作為人民幣代表的經濟信心的標誌，以之維護人民幣資產的價值，打擊內地資金非法或合法向外轉移的傾向，實際上形成對中國經濟的金融屏障。過往以貶值來促出口的 19 世紀重商主義策略，在 21 世紀會變成弄巧反拙，得不償失，早應揚棄。而日本被美國第二次打敗的金融之戰教訓，是匯率不應大起大落，二者都會傷害經濟信心，製造出資金外流的壓力，打擊投資、生產與消費。人民幣不應貶，也不應大升，守着穩定的區間，便是穩定心理預期，穩定經濟的大戰略。

　　中國的優勢是人民幣未完全放開管制，只要守住香港離岸市場便足以抵禦美國的金融攻擊，立於不敗之地，同時可利用離岸市場來確立人民幣的價值。

　　守着人民幣匯率，中國便可與美國打持久戰，進可利用中國

資金在美國和美元市場撤退，製造國際聲勢，與其他國家一起對美元匯率施壓。退則等待貿易戰對美國經濟消極作用發酵，也等待美國本身金融泡沫的穿破而被迫再度放寬美元供應，促使美元貶值和人民幣及其他貨幣不受美元升值壓力，把國際經貿環境還原到正常而不利於美國的局面。

美國與中國相比，中國沒有總統選舉壓力。美國明年的選舉卻可造成特朗普及其極右政權的政治大限。美國政府面對的時間約束遠大於中國，特朗普需要急功近利的政績，中國則是在堅守原則、穩守不退地把特朗普的銳氣及時機拖掉、耗盡。一是打擊美國的霸權和意氣，在國際上與俄羅斯、北韓、伊朗一起作出示範作用。二是讓特朗普及其極右翼勢力失掉政權，消除國際社會當前最大的威脅。

（原刊於 2019 年 5 月 20 日）

中緬合作

習近平出訪緬甸，與緬甸政府協議合作推動「一帶一路」建設，地緣政治和地緣經濟意義重大。

2017 年中國提出中緬經濟走廊，替代構想不佳的孟加拉—中國—印度—緬甸經濟走廊。由此而一改在此之前對緬甸政局的懷疑而全力與昂山素姬為首的緬甸政府合作。

中緬經濟走廊的經濟作用遠大於中巴經濟走廊。一是中巴經濟走廊連接南疆，途經巴印爭議地區的克什米爾和吉爾吉特—巴爾蒂斯坦，從喀喇昆崙公路通往中國南疆的喀什，地勢高險、政治不穩，作為通海的通道不佳。喀什要長途才可到烏魯木齊、入關內道途遙遠。相反地，雲南昆明已屬內地鐵路網絡的樞紐，鐵路線已建至中瑞邊境瑞麗，由瑞麗入緬境的木姐，南下曼德勒，一馬平川地往仰光出海，兩條通道的難易顯見。此所以中緬通道的現有貿易大於中巴走廊，且增長勢頭旺盛。

二是由於通道的效益不同，中國與印度洋沿岸的海運貿易不易為中巴走廊分流。而中緬通道則直接可把原來經馬六甲海峽、南中國海往中國東南沿岸的海運替代，從緬甸上岸，沿鐵路運輸可直達中國內地與沿海。避開馬六甲海峽和南中國海不只是減少政治軍事風險，且節省巨額物流和運輸成本與時間。而中國已建有石油及天然氣管道，不僅緬甸近海的天然氣可輸中國內地，從波斯灣來的油輪更可在正在建設的皎漂港口上岸。特別是來自伊朗與卡塔爾的液化天然氣，可暢通地經管道輸送，構成中國多元化油氣進口的幹線之一。中緬貿易與能源通道會大大促進中國西南地區的發展。

三是緬甸會是中日在「一帶一路」建設的最佳合作平台。中國是緬甸最大貿易夥伴，日本是最大投資國，中日兩國都站在緬甸政府立場，反對美國為首的五眼聯盟用羅興亞人問題攻擊緬甸。兩國在緬甸基建投資已成互補。日本把現有仰光至曼德勒的鐵道及仰光市區環線鐵道更新提速，中國則建木姐至曼德勒的鐵道。二者完工時間差不多，將構成緬甸南北鐵道大通道。對貿易與地方經濟發展助力巨大。而中國在全力建設緬甸的電力能力，現已建成可供一半人口用電，幾年後將可全國供電。日本則替緬甸作各種產業、城市、能源、環保的中長期規劃，並建設工業區。二者合力，將可大力推動緬甸的電力化、工業化、都市化，配合緬甸的資源，成效會是十分屬害。而中日在緬甸合作，下一步便是泰國，前景漂亮。

(2020 年 1 月 21 日)

英國脫歐後的內憂外患

英國終於脫歐了，日不落的大英帝國便徹底地沒落了。

本是西歐海邊的窮國小國，從舉國當海盜起家，打垮西班牙、壟斷大西洋的奴隸貿易、中國的鴉片貿易、霸佔海上絲綢之路的龐大利潤、進佔印度、侵吞所有的海路國家地區，便成全球霸主。但是霸道不能成王道，爭霸的結果是其他各國不服，可以反抗，可以與之爭霸。英國雖打敗荷蘭、法國，卻面對德國、美國的競爭，俄羅斯（蘇聯）和日本也脫胎換骨，就是中國也革命，印度等屬國要獨立。20 世紀是大英帝國逐步衰弱、分裂的過程。二次大戰後，美國替代英國霸權，以民族民主推動英國屬國，殖民地獨立和脫鈎，英國已變成美國的小夥伴，還依靠參加歐盟保持與美國關係的相對獨立，與美的特殊關係沒有演變為依附關係。但對過去帝國的眷戀使之不能融入歐洲，最終一個不可能的政治賭博，便與歐盟分手。

對歐盟來說，並非壞事，德法合作本與英國在許多政策方面矛盾，尤其是歐元和金融的一體化，以及歐盟尋求在美國之外的國防獨立、外交獨立，在國際綠色發展有更大的參與和示範，英國都是最大的障礙。歐陸的文化傳統總的與英國不同，為止戰把歐洲各國整合在歐盟之內，本是政治上的大挑戰，更何況近年還有美國在扯後腿。英國脫歐，歐盟恢復俄羅斯在歐洲委員會的席位，是歐盟向東看，與脫鈎後的英國相信會是越行越遠。歐盟的科研、產業的一體化規劃發展會更進一步，也排除英國的角色。而金融方面，法蘭克福當會是倫敦的最大對手，少了歐盟和歐盟的國際因素，倫敦怎樣維持與紐約抗衡的國際金融中心地位呢？

脫鈎後英國更有內憂，蘇格蘭爭取獨立，留在歐盟，北愛爾蘭和威爾斯亦不安心。歐盟之內還可保持聯合王國，脫歐之後，蘇格蘭等會取歐盟而捨英格蘭主宰的聯合王國。即使守得住蘇格蘭以外的地區，英國沒有歐盟的助力，市場縮、人力資源、財力不足，在全球的競爭裏，單打獨鬥的小英國怎樣維持其國際地位？小國寡民即使有帝國風光可緬懷，現實是殘酷的。脫鈎過程裏相信不少精英移民歐盟，本地的人口老化衰減是依靠前殖民地的人民來補充嗎？脫歐反映英國的民粹主義，根源在社會分化，貧富懸殊。去掉歐盟因素，經濟不景、窮困白人的民粹主義會造就政治和社會不穩。

英國怎辦？或許不投靠美國，便是投靠中國！

（原刊於 2020 年 2 月 6 日）

國運昌隆

　　往昔，與故友劉廼強討論國事，感歎國內用人不臧，諸策失誤，總是最後以國運昌隆互相安慰。這不是無奈之語，而是慶幸中國發展能夠趨吉避凶，一時失誤，卻可帶來教訓，更新改革。無論從歷史或現代社會科學均可解釋形勢逆轉，但盡是事後孔明或穿鑿附會之輩，我們或許可知循環大勢趨向，具體的轉折卻無從猜度。中國的發展面對眾多困難，也不停犯錯，可是，別的國家，特別是與中國爭雄的歐美，犯的錯誤更大。中國與之比較，犯的錯誤較少，也迅速改正。因而，從 20 世紀開始，中國可以從歷史谷底回升，帶出今天的中國夢，代表中國社會的反抗力量，共產黨可以節節勝利。我們的學問幫助看到大勢，看到具體的困難與阻礙，可無法預測具體時與地的轉變，難以解釋為甚麼，只能說中國國運昌隆。正因國運昌隆，我們才可滿懷信心努力，也在逆境中可以知其不可而為之，因有國運扶持。這不是迷信，我們對個人和世界實在知之極有限。

　　以新冠肺炎疫情為例，在內地爆發，形勢比沙士惡劣，且在中美矛盾之時，不單貿易制裁，在國際輿論上，中國已經被肆意妖魔化，疫情始自內地，更多藉口讓外國製造「亞洲真正病夫」的誣蔑。疫情嚴重，全國不少地方封城停產停市停課，防治支出龐大，經濟損失嚴重，人心惶然，這使得內外敵對勢力可以造謠說中國經濟瀕於崩潰，政治不穩，領導分裂等。在香港，似乎支持港獨人士的「支爆」論，也大大助長內外反對勢力的聲威。

　　可是不過兩三月，形勢便逆轉，內地疫情開始受控，體現政府的強大組織動員和執行力，以及中國的實際科技與生產能力。

內地趨穩，一切謠言攻破，反增添國內外對政府、對中國發展的信心。

更出人意表的是，日韓歐洲以至美國開始陷入疫症災情之中，也似有失控的可能性。一時之間，國際上風聲鶴唳，聞疫聲變，從起初的推諉中國，到它們社區爆發，科學也證明源頭不在武漢，也可能不在中國。防治之策，各國有條件的都是仿效中國，也邀請中國協助。中國與世界便因無國界的大疫而再度合作起來，互相依靠，扭轉疫情之前對華的妖魔化。而妖魔化中國的禍首的美國，政治干擾防治，疫情大有失控之嫌，疫情也暴露出美國社會制度的缺憾、觸發股市危機和借總統選舉之爭的政治衝突。自顧不暇，美國怎樣對付中國呢？

這是我早幾天所指出的中國因禍得福。

（原刊於 2020 年 3 月 4 日）

世局變

　　中國治疫的方法是人民戰爭，全國動員，打的是殲滅戰，不惜一切。結果三四個月，動用了至少一二千億元的投入，也不惜封城帶來經濟停頓的損失，終於爭取到疫情的可控，民生經濟可逐步恢復。錢花了，人命損失減少了，避免了失控。在 14 億人口的大國，主要是湖北六七千萬人口受到大的打擊，沒有擴散出來，潛在的損失便不出現。同時知識與經驗增加了，可更好地防治下一場疫症，也可出口救援別國災情。更重要的是克服疫症的過程教育了全國官民，凝聚了感情與士氣，鞏固了中國的國運，在疫病中向全球示範中國的能力與精神。當今世上，有哪一個國家有這樣的團結、能力和魄力呢？

　　相對而言，即使日本，乃至歐美，所謂民主體制、發達社會，在疫情之前，手足無措，不敢照搬中國的方法，是沒有足夠的資源、設施，也缺團結合作的民心民氣。不是甚麼中國專制，歐美民主，故此沒法仿效中國。若所謂民主體制不能動員民眾保衛自己及社會的公共衛生，這樣的民主便是失效的體制。疫病不管政治，歐美政府防治不了疫情，疫病便會失控。意大利便是清楚不過的例子。

　　歐美日沒能力去仿效中國圍堵殲滅疫病，便只有退而求其次，盡力保住醫療體系不過於負擔而崩潰。短時間裏歐美日不可像中國武漢那樣一下子把醫療設施十倍數地增加，它們便只是保着重症者，把輕症趕離，美其名為家居隔離，家居治療，實際是差不多撒手不理，讓病者自生自滅。如日本社會文化較佳，家居隔離自癒的機會較大。如美國的野蠻資本主義，幾千萬人暴露在

醫療體系之外，貧窮難以自救，疫病便可在他們中間大事傳播。美國的情況是保住有錢的人，放棄貧窮的人，體現出美國制度的冷酷。美國可不管人民死活，歐洲不可能，但無力應付。此所以德國總理說，德國最終會有六七成人感染。世衛組織宣佈疫情在全球大流行，實質便是全球失控，或許又是另一場如上世紀初西班牙流感那樣的全球大災禍。

全球疫情失控底下，中國防治有效便成樂土，海外華人連同他們的資金都會規模地回流國內，協助國內的建設發展。疫情打破了美國金融主導的全球化，中國崇美崇洋之風會驟改，為安全計，總是留在國內萬全。全球受災，中國作為世界工廠的作用更大，也將是全球最大的消費市場，正好由中國推動，替代美國體系的多極全球化。

（原刊於 2020 年 3 月 15 日）

鴉片

有關「鴉片戰爭」的戰爭，意猶未盡，其歷史意義重大，可惜在香港卻被有意無意地忽視和歪曲；撥亂反正，應可是香港學校教育（大中小學）的重心，也是影響深遠的國民教育。

香港在割讓之時並不是英國和香港教科書所宣傳那樣，只是一條小漁村。至少唐宋以來已與廣州的珠三角地區連成一體，也一直是西歐國家急於搶奪作為對華貿易的橋頭堡。明朝便有屯門的茜草灣一戰，把進侵的葡萄牙戰艦打敗。英國選擇香港的目的是與廣州連接上，所以引廣州的內地商人到香港，不交稅可自由出入，也借香港作走私。香港割讓的同時，迫使中國在內地開放更多的租界，形成新加坡—香港—上海及其他租界的條約港體系，用英國政府壟斷的對華貿易來控制中國的經濟。香港割讓與香港殖民不是單純偶發事件，而是英國侵華大戰的關鍵一步。

從早期至二戰爆發的香港財政而言，主要是依靠鴉片貿易的利潤，而且把整個在中國和東南亞（多是針對當地華人社區）的鴉片產業鏈計算，鴉片暴利不僅只抵銷了英國對華貿易的龐大逆差，還提供資金供英國政府揮霍，支持其龐大的屬土的發展。英國帝國在 19 世紀基本上是鴉片王國，鴉片繼奴隸貿易，在美洲的金銀掠奪和壟斷東亞、東南亞貿易之後，造就西歐另一個大帝國。

在這個過程裏，美國很早便參與鴉片貿易。初與英國競爭，後與英國合流分工，美國工業化的資金大部分來自對華和亞洲的鴉片貿易利潤。英國用鴉片利潤建立起全球金融貿易航運的壟斷，美國則用英國軍力和戰爭的庇護，在英國帝國經濟的基礎上

進行其大眾生產工業化。

鴉片的商品化大規模生產與貿易，在英國政府的強制推動下，摧毀了印度的農業生產和原來的社會結構，也打敗了一直堅持的中國帝國經濟。鴉片提供了軍閥的財源，促成了中國的分裂。鴉片與有關戰爭的賠償，對中國生產的破壞，瓦解了在 19 世紀還佔全球四分之一的中國經濟，把政府的財政全然摧毀，失去執政的能力。中國走上印度被殖民奴役的道路，只是因仁人志士，特別是中共的努力，才不致像印度那樣淪亡。

歷史有趣的是，今天美國千萬人沉迷於鴉片類的止痛藥的毒癮。鴉片類藥是在中國內地生產，卻是依美國訂單作加工貿易，中國並沒有用炮艦迫使美國購買。美國由鴉片利潤而工業化，亦由鴉片開始社會衰落，這是怎樣的歷史循環呢！

（原刊於 2020 年 5 月 14 日）

半導體之戰

美國封殺中興、華為，目的不單只為美國企業在國際國內市場掃除競爭對手，以建立寡頭壟斷的暴利。同時，擊潰了中國在半導體和電信關鍵行業的龍頭企業，可以大大挫傷中國的科技發展，挽回美國企業的劣勢。美國的手段是故伎重施，90年代便打垮了日本的半導體行業。

不過，當年是日本面對南韓台灣與中國內地的強大後起競爭，稍一不慎便可全軍覆沒。當年，日本企業集中保衛上游高尖技術，放棄了中下游，以應對美國的量化限制，結果中下游的大眾市場失掉，縱使保有高尖技術的上游，卻沒有大眾市場的收入來提供研發的投入，技術難以持續進步，反而讓韓台企業以大投資來推動科研與工藝進步，技術超越日本企業，導致日本半導體行業全面衰落。二是韓台企業的趕超日本的方法，在韓是抄襲日本財閥集團艦隊體系和交叉補貼的機制，在台則是政府全力資助。日本企業在90年代金融大爆炸帶來的體制變革是把大企業集團瓦解，也即是把日本工業化以來工業發展的模式破壞。企業分拆，各以短期盈利為目標，結果眾多的科研項目和研究機構被中斷和遣散，企業長期的科研力量全面受到破壞。其時夏普的LCD技術稱冠全球，並嚴加控制保衛技術，但缺乏下游產品的大眾市場收入，也沒有企業集團的支撐，結果很快地便被韓國與中國內地企業趕超，以賤價出售告終。

在國際半導體市場上，主要競爭者是南韓、台灣、美國。日本與歐盟已降至第二梯隊。中國內地則正在奮力衝刺，在美國制裁中興、華為之前，中國內地並沒全力競爭，過於依賴進口和在

台灣台積電的加工。但美國制裁顯示出中國內地只能依靠本土產業鏈，要改變對外的依賴。

現時內地中芯國際的技術工藝落後於台積電，剛進入 14 奈米的製程，台積電已是開始採 7 奈米的製程，技術相差幾年。台積電代表全球最先進的水平。不過，內地替華為等生產半導體晶片的中芯國際正重用台積電的人才，技術上力追。而少了華為的訂單，若中國反制打擊蘋果，台積電便會少了頗大比例的訂單，收益受挫。台積電內地的晶片廠，依賴的封裝測試的內地廠，都可能在中美貿易戰中受影響，迫使台積電不能附從美國，最後放生華為。

相反地，中國政府全力支持中芯國際、華為等，借助全行業的配合，龐大的市場，大有可能反敗為勝，至少並不易敗。

（原刊於 2020 年 5 月 22 日）

自由有限

　　甚麼是自由，這本是粗淺易明之義，不值討論。可惜不知何故，在香港，以至美國等地，教育應是普遍，城市生活不像農民那樣孤陋寡聞，竟然有不少人不明白自由之義，頑固地將之扭曲成為歪理。

　　自由當然首先是個人的自由。西方爭取自由的，是從反奴隸制開始，以至反農奴制、反君主教會的大權獨攬、欺壓平民。首先揭竿而起的是奴隸與農奴，但真正成功的一是貴族和城邦的精英，二是商人和資產階級，再後是工人農民的革命。爭取自由是有針對性，可卻是把個人的自由與階級羣體，以至國族的自由連接起來。現代的個人主義，便是資產階級革命成功才衍生出來，但同時並不是每個族羣社羣都有實際上同等的自由。而現代的個人自由也同時有着各種法律、道德、習俗的限制，不是無限制個人自由，而是像鐵籠之內特定的自由。縱觀西方提倡的自由，歷史上都是政治鬥爭，解放個人只是程度差別。像從農奴逃走形成的哥薩克，也不是建立烏托邦，而是重建部落和政治組織，重新限定個人的自由。除非如小說的魯賓遜才可有絕對的自由，但亦是依賴「星期五」奴隸式的服侍，他的自由是「星期五」的不自由。

　　自由屬於個人，但有社會性，個人生存於羣體之中，各方連繫，不僅在於血緣、地緣。羣體既構成了個人的保護屏障，也是個人各方面習慣行為得以產生的伸延，個人與羣體便是獨立和倚賴的雙重關係。個人的自由可相對於羣體，也因所屬社羣的支持而可相對於其他羣體。

　　社羣的自由亦便是個人的自由，沒有社羣的集體自由，不可

能保障個人的個別自由。正因如此，為保社羣的集體自由，必然不讓個人的個別自由傷害集體自由。這也是社羣以至社會的不明文的社會契約。

在最低的層次，個人自由不能傷害別人自由。傷害便是有違社會契約，要受到代表社會的政治權力懲罰、禁制。

以防疫為例，戴口罩已不是個人自由，而是為防止疫症散播、禍害其他人。不戴口罩的個人自由，傷害別人和社會的安全，如果習俗道德制約不了，便需法律懲治。在法治社會，個人有自殺的自由，但自殺傷害別人便可成傷人之罪，自殺亦對親屬構成心理等不同的傷害，此所以自殺亦是法律明文禁止，並予刑罰。這就是在社會之中，個人連自殺的自由也沒有，更遑論其他。

奢言自由，只是中了美國宣傳的毒。美國的邪惡，怎可作典範？

（原刊於 2020 年 8 月 17 日）

歷史大勢

　　近看歷史數據，以購買力平價計算的國民生產值。中國至1890 年代前還居全球最大經濟體，與印度長期同居世界首二位。1850 年代，中國經濟規模 10 倍於崛起中的英國，可惜大而無當，上下渙散，致被歐美列強攻破。甲午之役，以較先進的戰艦敗於日本，天額賠款把國家推入萬劫不復之境。英國的勢力是靠吞併印度，欺壓中國而成霸權，但傾全歐移民之力造就殖民者的美國。美國通過殖民與戰爭掠奪而來的土地廣闊，1862 年的公地放領法案使美國新移民每人可分得西部地區 160 公頃土地。同期，歐洲有幾千萬移民到美，規模資源舉世無雙，因而在 1890年代超越中國，成全球最大經濟體。英國挾印度及海外屬土還可與美國抗衡，卻阻止不了德國與蘇聯的急速崛起。1920 年代德國經濟規模超過英國。十月革命不足 20 年，蘇聯經濟亦在 1930年代規模大於英國。英國在亞洲，吞併印度、緬甸等地後，主要著眼老大的中國，然而日本冒起，亦以中國在內的大東亞共榮圈作為帝國目標。1930 年代德國成為全球第二經濟體，自然與英國走下坡的全球霸權產生矛盾。德國要佔歐洲，日本要佔亞洲，使歐亞非頓變戰場。正好給美國發戰爭財，先打敗德日，再用戰爭債脅迫英國放棄大部分帝國土地，讓美國接手。然後圍逼蘇聯，完成其全球霸業。

　　在這個大變化中，中國任人魚肉，只有共產黨革命才把列強侵迫驅於國門之外，才可政經穩定來重新建設。此外，越戰打垮了美國的財政，便以金融化，海外投資來維持經濟增長。後果是本國的去工業化，讓其他各國可趁機以工業化發展，把美國獨

霸天下之局打破。中國的優越競爭力便在相隔百多年之後再發揮作用，美國越是金融化、去工業化，中國越是得益。中國製造業 2000 年才升上全球第四位，2007 年第二位，2010 年更超越美國。2019 年中國佔全球製造業生產的 28.4%，遠高於美國的16.6%。正因製造業的大擴張，中國的經濟規模在 1995 年超德國、1999 年超日本，2014 年超美國，回復 130 年前全球第一的地位。

歷史不會簡單重複，多會循環發展。中國從老大渙散轉變成今天的舉國體制，才走出復興之路。美國能否重複 200 多年的歷史，靠戰爭、侵略和背後的白人種族主義來重振霸業呢？相信美國難再找到發戰爭財的機會，中國不會與印度、日本開戰，美國便不能坐收漁人之利。中美開戰，便有類英德之戰，美國能全身而退嗎？

（原刊於 2020 年 9 月 21 日）

特朗普主義

　　無論怎樣頑抗，特朗普應難逃下台命運。不過，即使我們怎樣不滿意，他在美國政治卻創造出一個新潮流。他得票 7 000 萬多，顯然美國支持他的人不少，他的潮流影響頗大，於是有人開始稱之為特朗普主義。但是，甚麼是特朗普主義呢？

　　或許我們可以把他的各種傾向和表現總合起來。一是民粹主義，無時無刻想討好羣眾。不過不是真心誠意，而是為了爭取支持，然後把羣眾的支持作為他的政治本錢、政治工具。民粹主義開始時都是討好，有了支持和影響後，便不是討好，而是引導，把羣眾的要求與思想引導到他要求的方向去。這便實際上是一種高明的宣傳手段，把羣眾洗腦。二是特朗普的思想取向，便是極端右翼的保守主義，反對現時的社會進步、政治開明，本質上是富人為尚，但崇拜資本的同時，卻重視政治權力，以政治權力來為資本打拚。但這個過程中需要羣眾廣大支持才構成政治權力，由權力產生野心，便大有可能從服務於資本，轉變以政治權力與資本分庭抗禮，甚或駕馭資本。後者便是二次大戰前歐洲大陸興起的法西斯主義與資本的關係，反客為主。特朗普並不是虔誠的清教徒，而是嫖賭飲吹等土豪的玩意都樂在其中。只是現在老了，無能為力，惡跡卻歷歷在媒體記錄中。極右保守主義，乃至法西斯主義都不是清教徒，上層和信徒的生活、行為一樣是糜爛不堪。他們的教義、主義不過是得爭取政治權力的手段。即使他們部分以宗教為名，也同樣承接教會由權力產生出來的糜爛和腐敗。特朗普主義是把民粹主義與極右保守主義糅合，或許未至法西斯主義的階段。若政治權力更不受制約，進一步演變為法西斯

主義也並不困難。

　　特朗普比起法西斯主義更為瘋狂的是，他不停地說謊，把任何的事實、知識顛倒，胡言亂語；用媒體和他的職權不絕重複，以權力作為背書，以此將社會洗腦。法西斯主義等還需要理論、歷史，要細心虛構造假。特朗普不顧邏輯、理性，只是亂說，而竟然得到部分民意，也可證明美國民眾的愚昧，宣傳機器的洗腦效用。這就可使他一個人不停地說謊，便如邪教教主一樣，迷惑大眾。美國社會不少邪教，特朗普不用宗教的外皮，卻成就了眾多大小邪教教主終生達不到的政治成就和羣眾支持，可說是他過人之處，但亦是美國當代社會的一大怪現象。

　　特朗普主義在選舉失敗後會怎樣演化呢？

（原刊於 2020 年 11 月 12 日）

統一與分裂

近日，太太看「大秦賦」，我亦跟着斷斷續續看了一部分。因歐洲疫情惡化，也看着俄羅斯、法國、德國電視台的新聞報導與分析，跟蹤當地的發展，這兩件事表面上是風馬牛不相及，卻給帶來頗多的感受。

歐洲的面積不大，相當於中國，歷史上的演變最初與中國相近。中國是夏商周的列國共主進入秦始皇一統天下之後的秦漢一體化的政權。雖有裂土分封的遺留，卻是郡縣制為主的中央集權國家體制。歐洲則由羅馬東征西伐，統一了地中海沿岸各國。並北擴發展眾多的省份，雖有中央與地方的分權和制度的不同，也還是中央集權的國家體制。

秦漢是書同文、車同軌、度量衡貨幣統一，由此而開啟中國2 000多年的政治體系。朝代更變也改變不了秦漢建立起來的道統。但歐洲方面，自羅馬由共和國變帝國，再分東西，大一統之局已開始有裂隙。日耳曼各族從中亞、東歐方面入侵，推翻羅馬政權，建立起眾多的王國和割據之地，便連續千年以上的分裂。神聖羅馬帝國也相類中國春秋戰國時周天子的虛君共主。相對來說，中國漢末五胡亂華，唐末南北朝，宋的遼金西夏，蒙元及滿清都同樣經歷北方遊牧民族的入侵，建立政權，卻最後都同化於秦漢以來的中華體制文化，當然有所更新、補充，但大體道統依然。羅馬沒法建立起千年道統，遊牧民族的體制文化替代了羅馬法典。語言文字分化，本來一統的拉丁文日益失去統一人心的作用。拿破崙統一歐洲，卻一敗於俄羅斯，二敗於英國，把拿破崙短期的成就摧毀。英國稱霸，無心歐洲，只是分而治之，全力在

海外牟取暴利。因英國要把歐洲分而治之，德國、意大利統一之後便要爭勝，帶來兩次大戰（都是歐洲各國爭霸而起），歐洲有如春秋戰國時的爭雄。二次大戰最大得益者是美國。冷戰時，美國把西歐整合抗蘇聯。冷戰後，美國便致力歐洲分裂，重拾英國分而治之之術。歐盟統一的架構備受打擊，進展艱難，陷於分裂的重重危機。

中國統一，歐洲分裂，相差 2 000 年。哪個形式更有利呢？中國治疫成功，歐盟失利，或許可令世界對統一和分離的政治體制作反思。在中國與歐洲以外，美國是另一大一統政治體制，且着力整合南北美洲有近百年時間。國際競爭是以國力來決定，歐洲分裂，別人可分而治之，美國與中國統一，便是當今最強二國。但若美國與中國都分裂，世界會怎樣？

（原刊於 2020 年 12 月 16 日）

歐洲統一

昨天談歐洲統一，意猶未盡，原因國際這幾百年的變與之有關。而今後世情轉變，亦離不開歐洲統一的問題。一直以來少有將之分析，我願在此野人獻曝。

近代歐洲統一不成，拿破崙功敗垂成，主因是英國的攻擊，合縱各國而敗拿破崙。但英國不想在歐洲稱霸，只是用合縱連橫來平衡各大國的勢力，分而治之，以此取利。英國從邊鄙之地崛起，始是靠作海盜，劫掠西班牙盛載從美洲搶奪而來的金銀，繼而是向美洲販運奴隸，向中國傾銷鴉片。以強大的海軍佔據七大洋，可主要以貿易金融為主，無論與美洲或亞洲的貿易，歐洲是它的主要市場（商品和貸款），它需要歐洲安穩和對之開放市場。英國的權勢來源是海外，人民不多，難與陸地為主的德法等大國持久在大陸爭霸，分而治之是不容任何國家獨霸和統一歐洲。正是如此，它的分而治之與統一後的德國便起衝突，後者要擴張。作為內陸國家和殖民競爭的後起者，擴張的重心便在歐洲、在於統一歐洲。兩場世界大戰便由此起，連累全球各國。

歐洲混戰，鷸蚌相爭，美國得利。美國奪取歐洲包括英國的國際資產，而為抗蘇聯，便要德法合併於歐盟架構之內，英國亦被迫加入卻是為牽制德法，同時在英德意等地長期駐軍作控制。但蘇聯瓦解，歐盟與美國（北大西洋公約）同時東擴。在 2008 年金融海嘯之後，美國大傷，歐盟歐元乘機發展。美國便重複英國當年故伎，開始介入干預。歐債危機、難民危機，以及製造新舊歐洲的分別，目的都是分化歐盟。英國脫歐企圖啟動歐盟直接分裂，若歐盟分裂，單只德法聯盟會勢孤，美國仍可以用巴爾幹半

島的政治危機來引發局部戰爭來破壞歐洲的安全與發展。德國與俄羅斯合作，正是反制美國的政治陰謀。

美國國力大不如前，歐洲以外，還有中國與俄羅斯，沒法全面戰勝。即便是用英國的伎倆，分而治之；分之不成，便製造戰亂來破壞，對歐洲如此，在全球亦如此。英國當年還可靠印度，美國則五眼聯盟作用不大。

當今最有雄厚力量制約美國的是歐盟，歐盟統一，歐盟加東歐、北非，內部統一的話，經濟規模大於美國，歐元大可替代美元或至少抑壓美元。美國霸權主義的全球破壞便可抑止。世界和平，全球有利。中國與俄羅斯也可順利復興，各大國便要循談判解決紛爭。為此，中國也好應仿效俄羅斯，爭取歐盟，支持歐盟統一化。

（原刊於 2020 年 12 月 17 日）

共同價值

美國歐洲一些右派政府與政客呼籲對抗中國，維護它們的共同價值觀，看似蠻有道德，說得冠冕堂皇，充滿正義感。可是稍懂歐美歷史的，便知道完全不是這回事。

從 16 世紀開始，也包括文藝復興期，歐洲的歷史是所有國家都參與帝國主義，開始時像英國朝野化身海盜，葡萄牙洗劫西非的黃金、奴隸。其後幾百年直至 20 世紀歐美劫掠、侵略其他國家，擄奪別國人民為奴隸，強迫奴隸世代奴役，任意殺害欺凌。在所謂「發現」的新大陸，舊大陸，為奪取當地財富資源，肆意殺戮、種族滅絕、反人類的罪行罄竹難書。即使他們信奉基督教，對本國人民是如此，對歐洲以外其他人民更如此。戰爭、侵略、殺戮、劫掠、奴隸制，在各個文明的歷史裏都不是少見。受害的人民數以千萬計。用上帝之名也掩蓋不了他們的邪惡。或許，歐洲文明是繼承希臘羅馬的奴隸制，一脈相承，日耳曼民族取代羅馬的拉丁民族，更多了野蠻暴虐的因素。而美國在美洲大陸的種種行為，一是滅絕原居民，轉為奴隸社會。對非白人的歧視排斥，至今仍存。二是以戰爭起家，與歐洲各國爭奪殖民地，並不是愛好和平的新民族，反而把歐陸所有的壞品質傳承過來，集其大成，也發揚光大。歐美的殖民地至今仍有不少繼續下來，不願放棄，正反映出它們沒有悔過，還留戀殖民地時代的風光。

歐美的共同價值觀，世界大戰中，無論是法西斯主義或反法西斯主義，本質相類，只是分贓不均，自相爭奪打起戰爭來，爭奪的是別人的土地，別人的資源，還是不脫強盜本色。

假若歐美不說相同價值觀，我們還以為殖民主義、帝國主義

過去了。歷史教訓斑斑，不可再續。因為中國復興，受到挑戰便重提共同價值，便是殖民主義、帝國主義的幽靈還在，不僅在美國，也在歐洲，歐洲各國還未吸收兩場大戰的教訓，仍試圖復辟它們歷史上醜陋的一章。

不翻歷史，我們可以被它們冠冕堂皇的假歷史所騙，翻開歷史，即使是它們本國歷史學者的記述，卻是罪證斑斑，無可抵賴。

歐美的問題，是以為世界還是任它們主宰、指揮。其他人如他們所以為是愚蠢無知，任他們扭曲歷史和現實。可惜他們忘記現在已是 21 世紀，反帝國主義，殖民主義已經上百年了。特別是中國的復興，提出了歷史的反證，也因而翻開歷史的真相！共同價值觀者，不過是一羣強盜企圖逆反歷史潮流。

（原刊於 2021 年 4 月 10 日）

四、雜談

保衛大學

大學應該是甚麼性質的機構和場地呢？

是傳統的傳道、授業、解惑，以知識為主，卻不是職業訓練或文憑銷售店，其中還有道德因素。此所以大學對老師學生都有道德規範、道德要求，比社會在法律管治下的最低標準為高。

知識不是僵化的，而是活生生不停地演進，因而大學有科研，科研要求拓新、創新，大學的教學也不是一門一派封閉地排斥不同主張與意見，反而是不同學派並存，多元化地容許相互批評、辯論、爭議。但是，無論科研與教學都有一定的道德倫理規範，學問的多元化與寬容並不等同於言論行為不受法律與社會道德約束。大學當然不是完美機構，不同的大學也各有不同的傳統、不同的特色、不同的偏重取向。可卻不能沒有底線和規範。

大學的興起，超越和替代了宗教與政治對學問、知識與教育的壟斷。但同時也與大學以外的社會其他方面合作，憑科研與教學的不斷創新來推動社會的進步。

大學考慮的是社會長期發展，是承先啟後，因而強調傳統，強調可持續式的制度，不是但求一時榮耀或收入的商業機構、政治公關組織。香港的大學都是依循歐美的傳統發展，近年雖然與美國部分大學一樣深受企業化、商業化的壞影響，越來越短視，包括學科配置、學生教學的忽視；卻仍然是香港社會傳統、教育與道德的支柱，也是香港知識與社會制度的維護者、推動者。因而香港社會不能讓一時的政治考慮、少眾利益，由極少數的教師學生將之騎劫、敗壞。

（原刊於 2018 年 1 月 31 日）

私有化與民主化

　　與朋友討論共產黨政權瓦解後民主化的趨向。大家都同意，共產黨政權出現問題是會導致政治精英貪腐，竊取國有資產，但只有在市場化改革、政權逐步瓦解的過程裏才出現寡頭壟斷集團。而一旦出現之後，市場化改革便會與政治民主改革一起把寡頭壟斷集團的非法所得轉變為私人財產合法化，並用民主政治制度來作政治維護。從蘇聯、東歐共產黨政權的瓦解過程乃至民主體制確立，均清楚地可看到寡頭壟斷集團的合法化、鞏固，並借金權政治來操控民主選舉制度。當然它們之間還會有利益爭奪。越南傳聞中取消共產黨專政的建議，可能也是為現有的政治精英的寡頭壟斷集團利益私有化和合法化鋪路。同樣地，緬甸軍人政府的民主化改革，實質上也讓軍人政權建立起來的利益集團，可把國有資產轉變為私人資本。

　　國有化之後再到私有化、民主化，便變成政治精英轉化為寡頭壟斷集團，乃至跨國資本集團的途徑。除了合法化之外，民主政治還有一個極其重要因素是分化、弱化政權的能力。寡頭壟斷集團是憑政權力量才可集中和私有化國家資產。但權力來自政權，若政權性質不改，其他的政治精英也可借政權力量推翻寡頭壟斷集團，形成新的集團。民主政制改革便是阻止新的寡頭壟斷集團的冒起，民主選舉容易為金權政治所控制，因而可變為已經鞏固力量的寡頭壟斷集團的政治工具，防範任何勢力利用政權能力向之挑戰。

　　私有化、民主化改革應作如是觀。

（原刊於 2018 年 3 月 26 日）

金庸的成功

金庸逝世，引來諸多推崇；其中溢美之詞過度，令人難堪。香港社會若真的只識金庸，亦是可悲。

少年時也讀金庸小說，是從看二十五史演義轉過來。但金庸的小說文筆雖好，鋪陳也不俗，卻不是如一些人所說，出神入化。論文人風骨，文章風流，比不上梁羽生。天馬行空絕不如還珠樓主。即情節奇詭，也落後於古龍。我個人偏好是張夢還。及到他寫《鹿鼎記》，更令人難以卒讀。

香港一些人喜愛他筆下的韋小寶，也將之與周星馳的演繹連在一起。或許周星馳將之更庸俗化，但金庸營造的韋小寶，貪婪好色、投機逢迎，集諸惡在一身，應該是中國傳統文化美德的對立面。金庸以之為反英雄，卻實際上是豎之為他心目中的英雄。姑無論他的意圖如何，韋小寶主義演變成香港的所謂主流意識的部分。可能正是如此，社會上有這麼多的人來吹噓金庸，身體力行他筆下韋小寶的言談舉止作風，而不是他早期所寫的郭靖、楊過、喬峰。

金庸的成功是媒體的作用。早午金庸的小說是小眾讀物，在芸芸武俠小說作者中未見突出。若不是改編成電視劇集，不會這麼流傳廣遠；也適逢內地開放，飢不擇食，當時一切以港為時尚。

一段時期，古龍的武俠小說更為流行。梁羽生比不上金庸受歡迎的是社會變化，文人風格的梁羽生迎合不到商品化社會的口味與價值觀。內地二月河的清史系列也在商品化大潮下沒法爭取到年青一輩的愛好，反而是韋小寶成為年青人的偶像，或這便是金庸的成功。

（原刊於 2018 年 11 月 30 日）

第四權

　　初二早上看新聞，看的是總部位於布魯塞爾的歐洲新聞台。它報導牛年中國人的慶祝，只是探訪一華裔女博士，問她中國內地疫情是否使市道冷清。這位女博士可能不是身處內地，她強調政府勸說人民不要返鄉過年，致不少農村的留守兒童沒法見父母一面。然而政府勸說，並沒有強制，返鄉過年人少了，但仍是盈千上萬，交通工具並不如她所說，沒有甚麼人。新聞報導也沒有插播中國內地各市慶祝新年的盛況。電視台插播的竟然是越南人在買賀年物品，以及香港黃夏蕙一身牛魔王打扮到黃大仙上香。報導中國內地過年竟無實景，胡亂插播。那位被訪問的女博士更說希望疫情早過，因為中國人民不能工作，不能正常生活，這簡直是睜眼說謊話。或許新聞報導的目的是要表達疫情對中國生活的打擊，政府限制措施近乎不人道。潛台詞便是中國情況並不好於深陷疫情的歐洲，這是造新聞或 talk show，不是如實報導。

　　同樣的政治偏頗，也可見諸香港一些電視台的新聞報導，例如美國國會辯論彈劾特朗普，報導只讓特朗普的律師反駁，竟無有關控方的陳詞，使人覺得這個香港電視台便是一如美國親特的網台，一面倒地替特朗普解脫。香港電視台的這種新聞立場，不會是特朗普或美國收買，而是反映其政治立場。

　　即使在歐美素以反美國優值見著的「今日俄羅斯」電視台。當年在報導香港反修例動亂中，竟找動亂初始策動人之一的鄭宇碩來評論介紹，當然是一面倒的說法。但「今日俄羅斯」訪問他，只是讓他做政治宣傳，哪來新聞報導的中立、客觀呢？

　　國際的新聞從業員幾十年都受美國價值的培訓與洗腦，很難

讓他們公正報導。就連中國內地的新聞從業員，過去也成批地受美國培訓。他們大多懂的只是美國價值，美國的論述。故此，在以往，內地的新聞報導，不少從美國角度着眼，只有近年才減少。

香港更是反華、親美國際新聞界人士的聚集點，美國有關機構更是重點培養香港的記者，前年動亂便是中外老小記者全面動員起來助亂。

記者的第四權是荒謬之言，政府等的權力有民主政治過程監管，司法亦受法律制約，誰去制約記者的權呢？況且記者背後的機構有國內外政治和財團的控制力量，記者的專業道德操守也難保證。第四權便是無法無天，讓不同勢力介入之途。不談第四權，記者與新聞從業員還可安份守着專業工作。

（原刊於 2021 年 2 月 14 日）

編後感

能於甲子年初同陳文鴻教授共事至今，實屬幸焉。

七年前，我作為一名「港漂」來到香港入讀浸會大學傳理系。其後帶着對新聞事業的一絲理想從事了媒體行業。那時，學校教育我們新聞記者肩負着社會的「第四權」，新聞媒體要客觀公正，寫新聞稿要不偏不倚，記者要作為旁觀者就事件將正反雙方的觀點鋪陳出來，而不加自己的觀點。而從業之後，才發現新聞媒體要做到客觀二字，談何容易！似乎沒有媒體不帶立場。究其原因，除了媒體要在市場中求生存，受到政治、資本、受眾口味等因素制約外，人本身，或許是最大的因素。新聞工作者受其本身教育背景、成長環境、過往經歷等影響往往形成一套固有認知。反映到文字，難免會帶出主觀立場。正如尼采所言：「沒有事實，只有詮釋。」而讀者亦會選擇符合自身價值觀的媒體獲取資訊，對不同的觀點和報道視而不見或嗤之以鼻。正因為有機可乘，新聞報道為特定目的而斷章取義者大行其道，假新聞不絕於耳，媒體更淪為政治文宣的工具。這在 2019 年香港的修例風波中，於國內外各種媒體就同一事件南轅北轍的報道中，略見一斑。

直到讀陳教授的文章，看到一句，「新聞應自由，但媒體卻不自由」，方才釋懷。常言道新聞媒體，而能將新聞同媒體兩個名詞拆開來解讀，一語中的，驚醒夢中人。能有如此智慧，實為欽敬。

曾經的我覺得香港諸多制度優於內地。大到法制的健全，

小到公眾交通的無障礙設施，相較於內地的粗枝大葉，似乎隨處都多了幾分人文關懷。於是，帶着一份今日看來似乎有點幼稚的疑問，「為何英國把香港建設得這麼好？」，我於香港工作兩三年後，負笈英倫深造，尋求答案。在英國寫論文時經常要廣泛閱讀，查閱資料。當讀過歷史，方才頓悟。香港的成就並非英國一家之功，是天時地利人和，是時勢造英雄。更何況英國的這份功勞還帶有強烈的目的性。香港直至 70 年代後才奮起直追，起初更是靠鴉片起家，劣跡斑斑。而這些年中國的飛速發展，尤其在 2020 年抗疫中的突出表現，又讓人不禁感歎逆水行舟，不進則退。香港若總是墨守成規，不思進取，沉緬於曾經「亞洲四小龍」的輝煌之中，那些輝煌便只能停留在歷史書籍了。

讀陳教授的文章，彷彿回顧了我這七年中的心路變遷。那種共鳴，是當我讀了更多的書，接觸了更廣闊的世界後才愈發強烈。當我逐漸了解西方的歷史和英國的憲政史後，才發覺好的制度，或者說適合的制度，都是逐漸成長出來的。它們是經過不斷地修正，時而前進，時而復辟，才最終形成現在的模樣，但絕不是可以生搬硬套的。香港人一直以來高喊的「真普選」，哪怕在英國，都是非常現代的產物（何況英國還是代議制民主而非直接民主）。拋開民主文化談民主，是膚淺的民主。哪怕民主本身，也有不同的實現方式，選舉或許只是民主精神中最不重要的一環。民主亦不能帶來民生，帶來繁榮，反而可能會被騎劫帶來災難。但大多數人都本末倒置，以為民主是萬能的。對此，陳教授有多篇文章展開了精闢的分析，深入淺出，頗有醍醐灌頂之用。

讀陳教授的文章，最大的收穫是獲得了一種世界觀和大歷史觀。他看中國，並不是聚焦於華夏本身，而是將中國置於歐亞大陸的歷史之中。從少數民族的侵略與融合、絲綢之路的交流與貿

易中看中國歷史的變遷。而香港，亦不是英國所謂的「小漁村」，而是唐代廣州千年商都的附屬，從來都與中國緊密相連。他看世界，亦用一種唯物史觀去解讀。讀他筆下美國的崛起與衰敗，歐洲的分裂與融合，顏色革命，中東局勢，東亞關係等，似乎有種莫非他是「預言家」之感。培根說：「讀史使人明智。」陳教授的預見，正在於他熟悉歷史，善於分析，所以才能洞穿時局，見他人所不能見。

讀他的文章，亦為其愛國情懷所感。老一輩香港人對祖國的熱忱、對香港的祈盼應為更多香港年青一代所知曉與學習。香港需要愛國愛港者來建設。

此書雖是陳教授於報刊發表文章之選集，無法深入分析某一個話題，卻可以作為契機引發讀者的思考，或為讀者帶來耳目一新的觀點與視角。編輯此書，深受其益，以饗讀者，望傳播真知灼見。

于斯敬書

2021 年 3 月 21 日